幸福を選択する4つのヒント

人生の迷いに対処する法

大川隆法
Ryuho Okawa

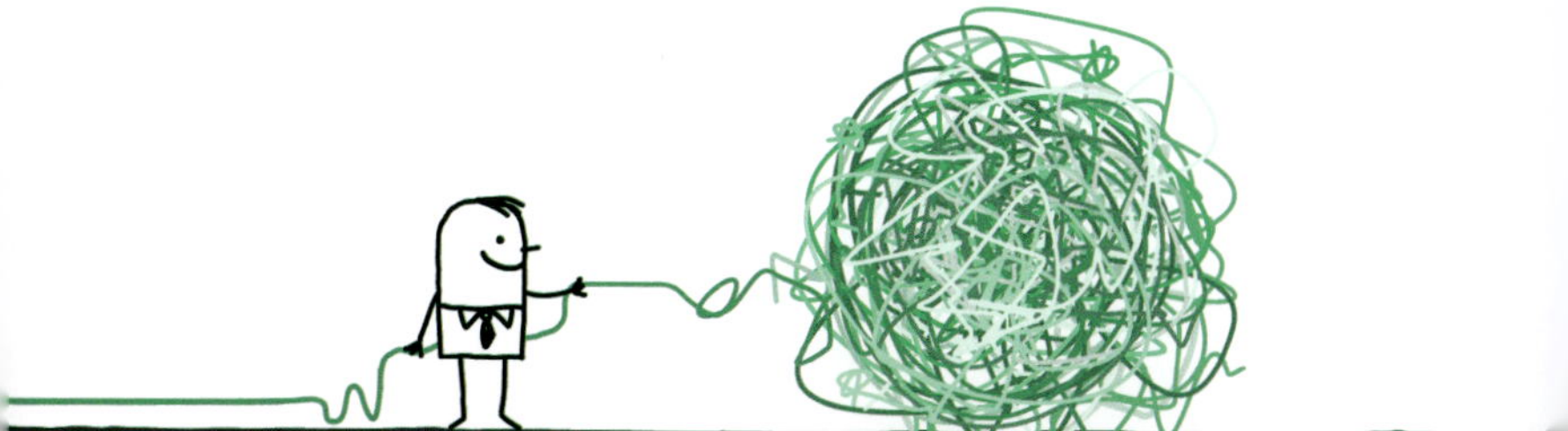

まえがき

人生の諸問題を解決するための本は、若い頃からたくさん読んできた。青年時代は、知識を頭だけで理解して問題を解決しようとしてきたが、年齢・経験が積み重なってくると、人生が立体的にも、万華鏡《まんげきょう》のようにも見えてくる。

今となっては、私自身が自分の人生の迷いに対処するための本を入手《にゅうしゅ》することは困難になったが、若い頃、人生の諸先輩の書籍から多くを学ばせてもらったので、世間に恩返しをしていかなくてはなるまいと思う。

宗教家の説く人生相談ものなので、そのように読める箇所《かしょ》もあろうが、人生論として万般《ばんぱん》に通じる内容もあることと思う。三十年前、四十年前の自分に語るつもりで話してみた。この「幸福を選択する4つのヒント」のどれか一つでも参考になれば幸いである。

二〇一五年　四月二十五日

幸福《こうふく》の科学《かがく》グループ創始者兼総裁《そうししゃけんそうさい》　大川隆法《おおかわりゅうほう》

幸福を選択する4つのヒント

人生の迷いに対処する法

目次

CONTENTS

人生の迷いに対処する法

—幸福を選択する４つのヒント—

二〇一五年一月五日　説法《せっぽう》
東京都・幸福の科学　教祖殿《きょうそでん》　大悟館《たいごかん》にて

2

職場における「人間関係」の悩《なや》みに答える　47

3 美容整形と「身体的コンプレックス」について答える 81

4 親子の葛《かっ》藤《とう》を越《こ》えて、家庭で信《しん》仰《こう》を継《けい》承《しょう》していくために　125

Chapter 1

晩《ばん》婚《こん》化時代に必要な結婚観とは

Q1 結婚《けっこん》したいけれど なかなか踏《ふ》み込《こ》めません

私の友人のなかに（質問者は四十代前半）、結婚《けっこん》したいと思いながらも、なかなか機会に恵《めぐ》まれず、また、結婚の理想をはっきりと描けずにいて、なかなか踏《ふ》み込《こ》めないでいる人がいます。

最近は晩婚化も進んでいて、恋愛《れんあい》・結婚に関しては年齢《ねんれい》を問わず悩《なや》んでいる人が多いと思いますので、結婚したいのにできないでいる人へのアドバイスをお願いいたします。

最も異性が輝《かがや》いて見えるのは十八歳《さい》から二十二歳ころ

友達ということは、年齢もあなたに近いと考えてよいですね。

本当は、いちばん結婚《けっこん》したい年齢というのは十八歳《さい》から二十二歳ぐらいのころで、そのときに結婚させてもらえるのであれば、もう、天にも昇《のぼ》りたいほどの幸福であろうと思います（笑）。

ただ、結婚したあと、寸時《すんじ》に〝地獄《じごく》〟がやってきます。十八歳から二十二歳ぐらいは、生活力がなく、仕事能力も低いため、そのころに結婚するということは、リュックでかなりの荷物を背負って〝山登り〟するようなものでしょう。仕事能力に余裕《よゆう》がなければ家庭まで見ることはできないし、経済的にも余裕がないと、絶えず不満が噴《ふ》き出してくるものなのです。

ただ、「十八歳から二十二歳、二十歳前後、プラスマイナスぐらいのころがいちばん結婚したい時期であり、いちばん異性が輝《かがや》いて見える時期である」というのは、自分自身を振《ふ》り返ってみても、そうだろうと思います。

社会の厳しさを味わううちに「自分と釣《つ》り合う相手」が見えてくる

私の時代の平均結婚年齢は、男性は二十七、八歳、女性が二十四、五歳ぐらいでしたが、そのくらいの時期には、人生にやや疲《つか》れが出てくる傾向《けいこう》があります。何年か働いて社会の厳しさを味わい、少し弱ってきて、もはや、イノシシが突進《とっしん》するような二十歳《はたち》前後の若いころの勢いはなくなっていきます。

そして、げんこつが飛んでくることはないにしても、「おまえは駄目《だめ》なんだ」ということを、いろいろなところで言われて落ち込み、「自分もパーフェクトな人間ではない。百パーセントの人間ではない」と感じるようになるわけです。

そういう自分の限界を感じ、「入社当初は『将来、社長になるかもしれない』と思ったけれども、課長まで行けるかどうか怪《あや》しいなあ。部長まで行けたら、これはもう、宝くじを当てたようなものだ。まあ、自分はその程度の男かな」というぐらいの人生観になってくると、ちょうど釣《つ》り合う相手、手ごろな範囲《はんい》というものが見え始めるわけです。

会社に入って、「社長になってやろうか」などと思っているときには、もっとずっと高嶺《たかね》の花のような相手を目指しているもので、そういう人を追いかけるのですが、それは、相手にとっても同様のことなのです。

自分にとって高嶺の花に見えるような相手であれば、その人はもっと高嶺の花を探しているため、お互《たが》い、高射砲《こうしゃほう》のように〝上へ、上へ〟と撃《う》ち続けているような状況《じょうきょう》で、なかなか当たりません。高度一万メートルを飛んでいる〝敵戦闘機《せんとうき》〟には、なかなか当たらないものです。しかし、その飛行高度が、一万メートルから五千メートル、三千メートル、千メートルと下がり始めたら、撃ち落としやすくなっていきます。

そういう意味で、お互い、高いところを目標にしたり理想にしたりしているうちは、なかなか簡単に、うまく結婚できるものではありませんが、その人生の理想が高度一万メートルから徐々《じょじょ》に下がってきて、あなたと同年齢ぐらいになると、「人生の平均値」がかなり見えてくるころになっているのではないでしょうか。

自分と釣《つ》り合う相手が見えても結婚《けっこん》に踏《ふ》み切れない場合

そのころになると、「それでも結婚《けっこん》したいと思うかどうか」という、もう一つの問題が出てくるわけです。

人生の平均値が見えてきたところで、自分を秤《はかり》に載《の》せると、「俺《おれ》ぐらいの男の〝値段〟はこの程度だろう。この〝値段〟で釣《つ》り合う女性はこのくらいだ。あんな相手に出会っても絶対に無理だ。だいたいこのあたりの人が釣り合う範囲だ」ということがだいたい見えてきます。

ただ、その釣り合う範囲の女性と、わざわざ結婚しなければいけないのかという問題が、もう一つ出てくるわけです。

自分が「その程度の男」だと分かったとしても、相手も「その程度の女」だと思ったときに、「あと何十年も、この人と一緒《いっしょ》にいて、面倒《めんどう》を見て、生活しなければいけないのだろうか」という問題が出てきます。それを考えたときに、「ああ、めんどくさい。手間がかかるなあ。何十年も借金をするような感じで、ちょっと嫌《いや》だなあ」と思う人は、結婚に踏《ふ》み切れないでしょう。

「分相応《ぶんそうおう》の相手でよい」と割り切った結婚《けっこん》にも望外《ぼうがい》の喜びはありうる

しかし、「自分はこの程度の男だけど、自分に釣り合っている分相応《ぶんそうおう》の女性を話し相手にしながら、残りの人生を過ごしたほうが、気も紛《まぎ》れて楽しいじゃないか。まあ、ちょっとはいいこともあるかもしれないし」というように思う人もいるわけです。

例えば、子供ができるかどうかは分からないものの、たまたま生まれたら、親よりも出来のよい子になる場合もあります。そういう「望外《ぼうがい》の喜び」というのも、たまにはあるわけです。

「自分は駄目だったけれども、自分の子供は、意外に、世の中で役に立つ立派な人になった」という場合には、「ああ、生きててよかったなあ。自分は大したことがなくて、この世の中ではごまんといるような人間にすぎなかったけれども、子供は世の中の役に立っているじゃないか。よかったよかった。この子も、自分がいなかったら存在しなかったんだ。自分が結婚《けっこん》しなかったら存在しなかったんだ。結婚も意外によかったかな」と思うかもしれません。

そのように、「自分たちは平凡《へいぼん》だったけれども、その次の代は頑張《がんば》ってくれた」「孫の代で頑張ってくれた」という感じで、「あの世に還《かえ》ってからも子孫《しそん》が繁栄《はんえい》して、先祖が喜ぶ」というのは、このパターンでしょう。

昔から、「一族から出家者《しゅっけしゃ》を一人出したら、九族《きゅうぞく》が天に生まれる」、つまり、「前後九代までの親族は、地獄へ堕《お》ちていたとしても、みな、天《てん》上界《じょうかい》に上がれる」と言われているほどです。

ただ、これには「出家功徳《くどく》」に対する、ある意味での宣伝がかなり入っていると思われ、どの程度の出家者になるかという問題はあるでしょう（笑）。高徳《こうとく》のお坊《ぼう》さんになればそういうこともありえますが、徳がなければそこまでにはならないと思います。

いずれにせよ、そういう言い方もあるように、自分を定点として次の子孫が続いていくことで、世の中に幸《さいわ》いすることもあります。

その「逆」の場合もあります。

もし、自分の子孫、子供や孫が殺人鬼《き》のようになり、連続殺人などを犯《おか》してしまったら、天上界に還っている先祖であっても、霊格《れいかく》が揺《ゆ》らいでくると思います。足下《あしもと》がグラグラしてきて、「しまったあ！　俺のせいであのようになってしまったか」と思うようであれば、やはり、何かの拍子《ひょうし》に霊格が下がってくる可能性はあるでしょう。

そういう意味で、子孫の動向が、逆に、先祖に影響《えいきょう》を与《あた》えるようなことも出てくるわけです。

結婚の意味の一つには、そういうものもあるでしょう。

「結婚《けっこん》しない人」が増えている非婚・少子化の背景

ただ、今、「非婚《ひこん》」や「少子化」の時代が続いていますけれども、人類の経験としては、そういう時期があってもよいのではないかと、私は思っています。

ただただ統計学的に、「これだけ人口が減る」ということばかり言われていますが、それは何とも言えないことです。減り始めたことを「よくない」と思えば増えることもあり、「減っているほうが幸福だ」と思うときには減り続けることもあり、どちらがよいかは分からないところです。一定以上の数が減ると、リバウンドして増えてくる可能性もあります。

そういう意味では、いろいろな時代があることを受け入れたほうがよいと思うのです。

今、結婚しない人が増えている原因は、結婚するのにいろいろと面倒なことが多くなってきたこともあるでしょう。

昔は世間体《せけんてい》ということが重視され、世間様から後ろ指をさされることを非常に気にする人が多く、とにかく後ろ指をさされないように、早く身の処し方を決めなければいけない感じがありました。

しかし、今は、「世間体よりも、自分の生きたい人生を生きる」といった個人主義的な考え方のほうが強くなっているように感じます。

そういう意味では、都会的な生き方がかなり主流になり、価値観としても広がっていて、地方にもそれが増えてきていると思うのです。

成人式のときに郷里《きょうり》の恩師が語った「二十三」という数字の意味

田舎《いなか》といえば、私が成人式に出るために東京から郷里《きょうり》（徳島《とくしま》県川島町《かわしまちょう》〈現・吉野川《よしのがわ》市〉）へ帰ったとき、二次会で学校の恩師から聞いた話があります。

ちなみに、その成人式では、「おまえ、昔、中学校で生徒会長をやっていたから、成人代表で何か言え」と言われ、地元の川島町に就職したわけでもなく、人前で話す資格も権利もないとは思ったものの、川島町役場が挨拶文《あいさつぶん》を書いてくれたので、「それを読むだけなら」ということで引き受けました。

それはともかく、そのときの二次会で恩師は、私の同級生の女性たちに対し、「『二十三』という数字をよく覚えておけよ」ということをしきりに言っていたのです。

「田舎では、『二十三』っていう数字は大きいぞ。地方と都会の平均結婚年齢はまったく違《ちが》う。二十三歳を過ぎたら、とたんに、周りに独身がいなくなる。みんな、あっという間に結婚するから、友達がいなくなるぞ。それを知っておいたほうがいい」というようなことを言っていたのを覚えています。

確かに、田舎出身の場合で結婚しない人は少なかったと思います。

地方に帰っても結婚《けっこん》相手を見つけにくい高学歴女性

ただ、いわゆる四年制大学に行った女子たちが田舎の自宅に帰った場合には、なかなか結婚《けっこん》できていません。郷里に帰っても相手が見つからないため、都会のなかに紛《まぎ》れていたほうが見つかる可能性はあるわけです。

そのように、「田舎へ帰ったものの、相手はいない」ということが多く、恩師の理論に引っ掛《か》からないケースが出ていたので、このあたりは難しいものだと思いました。

もちろん、あれから何十年かたっており、時代もだいぶ変わってはいるでしょう。

田舎は他人《ひと》の目がうるさくてしかたがなく、人に見つけられたらすぐ言われるので、デートもろくにできません。女性と歩いているところなどを見かけたら、すぐ、親のほうに「今日、××で、○○くんが女の人と歩いているのを見た」といった〝ご注進《ちゅうしん》の電話〟をかけてくるようなところがあります。

女性が結婚《けっこん》後も仕事を続けることの難しさ

都会の場合には、そういうことがあまりないので、もう少し楽だろうと思います。その意味で、都会で職業を持っている女性はなかなか結婚《けっこん》しなくなっていますし、男性にも結婚しない人が増えてきました。

やはり、「結婚する権利」がある一方で、「義務」の部分も大きく、失うものも大きくなってきたということでしょう。

今、内閣としては、「子育てをしながら働ける社会」にしようと努力してはいますが、それを男の頭で考えたとしても、女性の立場に立てば、そうはいかない面もあることは事実です。

現実に、重要な仕事を任されている女性が、結婚して子供ができたら、堂々と産休を取ったりして、十分な時間働けないような状況にあるのに、政府が「もとの立場か、それ以上に戻《もど》せ」と言っても、職場としては周りの女性への気兼《きが》ねもあるし、本人としても働けない自覚があったりして、政府の思うようにはいかないことが多いようです。

そういう意味で、「結婚せずに仕事を続けていくこと」と「結婚してからも仕事を続けること」との落差の大きさを考えたときに、一般的《いっぱん》には、「結婚できない」という女性が多いのでしょう。

もちろん、仕事の性質にもよるとは思います。女性でも、男性と同じような仕事をしている人もたくさんいるので、一概《いちがい》には分かりません。

例えば、女性でも、独身で、長距離《ちょうきょり》トラックの運転手をしているような人もいます。夜中にハイウェイを飛ばし、一日で荷物を届ける宅配便の運転手などをしている人は女性にもいます。

ただ、結婚して子供ができたりすれば、なかなか簡単にはいかないでしょうし、その給料では人を雇《やと》ってまでできるほど甘《あま》くもないでしょうし、子供の幼稚園《ようちえん》や保育園への送り届けにしても、それほど簡単にはできない可能性もあるでしょう。

そういう場合には、職を替《か》えるなり、親族に手伝ってもらうなり、いろいろと考えなければいけないこともあるので、個別のケースは難しく、何とも言えないところです。

人生が長くなり、離婚《りこん》・再婚するケースが増えてきている

また、昔は「人生五十年」という時代が長かったので、「二十歳で結婚し、その後、子供ができて、四十代になったら、あとは譲《ゆず》る。もう、四十五歳から先は、お伊勢《いせ》参りをして、遊んで死ぬのを待つ」というようなパターンが多かったわけです。

ところが、「人生八十年、九十年」という時代になってくると、やや

長すぎて、一人の伴侶《はんりょ》では、なかなか最後までもたない場合も増えてきます。

例えば、子育てをしている間は頑張っているけれども、子供を育て終われば、だんだん一緒にいる必要がなくなってくるようなこともあるでしょう。その際、離婚《りこん》して、また別の都合《つごう》のいい人と出会って、再婚するようなケースも出てくるのです。やはり、昔に比べて人生が長くなっており、〝二回転〟に近くなってきているということです。

なお、男性であれば、若いころの結婚の場合、まだ、「職業」「地位」「収入」とも固まっていないケースが多く、その段階で結婚した相手と、中年以降に自分の社会的な「地位」や「収入」、あるいは「傾向性」等が、かなり固まってきた段階で選ぶ相手とは違うと、よく言われています。

確かに、一回目の結婚相手選びは、若気《わかげ》の至りで失敗することはありえるのですが、四十代ぐらいで二回目の結婚をする場合には、男の真《しん》贋《がん》が試《ため》されるようなことを言われます。「本物か偽物《にせもの》か、重いか軽いか、それが試される」といった、脅《おど》しのような警句《けいく》も、かなりあることはあるのです。

ただ、四十代になったところで、そこまで相手が見えるほど、〝透徹《とうてつ》した悟《さと》りたる目〟を持つことは、実際上、不可能でしょう。四十代であっても、まだまだ迷いのなかにあって、けっこう間違うものだろうと思います。

人間誰《だれ》しも、「無くて七癖《ななくせ》」で、いろいろ持っているため、実際に一緒になってみると、「趣味《しゅみ》が合わない」ということから始まって、合わないところはさまざまにあるでしょう。

例えば、寝《ね》る時間が合わない人だっています。夜更《よふ》かしが好きな人と、早起きの人とでは合いません。あるいは、出身地が違うと生活習慣が違う場合もあって、辛《から》いものが好きなところの出身の人もあれば、薄味《うすあじ》が好きなところの出身の人もあって、いろいろあるわけです。

やはり、今の四十代の男性が、総合的に全部知った上で見抜《みぬ》けるほど賢《かしこ》いかどうかと言われれば、少々疑問はあります。

かつて寮母《りょうぼ》さんたちから受けた「意外なアドバイス」

そういう意味で、織《お》り込むのであれば、人生にあまり「完全性」を求めすぎないことも大事だと思うのです。

つまり、「プラスマイナスで言うと、多少なりともよかった」とか、「プラスが出たかな」とか、「お互いに、結婚しないよりは、したほうがよかったんじゃないかな」とか思える範囲内で満足できれば、そう悪くはないでしょう。

ちなみに、私は〝難しいタイプ〟の人間であるため、出家前、会社の独身寮《りょう》に三十歳ぐらいまでいました。寮には寮母さんが四人ぐらいいたのですが、みな、旦那《だんな》さんと離婚したり、あるいは死なれたりした人たちでした。子供のいない人もいましたけれども、子連れで働かなくてはいけないような、四十代や五十代に入ったぐらいの女性が多かったと思います。

そういう寮母さんに、私は、首根っこを捕《つか》まえられては、「結婚しなさいよ」とよく言われていました。

その言い方ですが、「一回で決めようとするのは間違っている。そういうふうに思えばできなくなるよ。最高の人を一発で決めようと思うからできないんだよ。そう思ってはいけない。三回ぐらいするつもりで結婚すれば、だいたいできるようになるんだよ。『二回、三回は当たり前だ。もう二回転、三回転であって、二人、三人と、まだまだあるんだから、それならいいや』と思えるぐらいの相手に、バシッと攻撃《こうげき》をかけなければ、やっぱり結婚なんてできるものではないんだよ。完璧《かんぺき》な相手を待ってたら、いつまでたってもできないまま、年を取ってしまうよ」というような感じで、寮母さんたちに、そうとう〝脅《おど》された〟ことを覚えています。そうやって、よくけしかけられていました（笑）。

確かに、自分も完璧ではありませんが、たいてい相手も完璧ではないので、ある意味で、それは当たっているのでしょう。やはり、完璧を求めてはいけないと思うのです。

最初の相手が、運よくピッタリの方で、ずっとうまくいく場合もあろうかとは思いますけれども、そうはいかない場合があったとしても、「まあ、人生経験で多少のプラスになれば、よいかな」と思えるようであれば、結婚を選んでもよいと思うのです。

ただ、離婚することによって、慰謝料《いしゃりょう》や養育費などを払《はら》って、残りの人生が厳しいというようなことになってくると、別の考えもあるかもしれません。

世間《せけん》が多様化し、個人にとっての自由の領域が広がってきた

また、職業の絡《から》みもあるでしょう。

例えば、女性がキャリアウーマンで、仕事をずっと続けたいのに、転勤が多い職業の男性と結婚した場合、若いうちはよくても、遠距離恋愛のような状況がいつまでも続けられるわけではありません。女性のほうが、「大事な仕事を辞《や》めてまでついていけない」ということになり、何年も離《はな》れたままになれば、やはり難しくなってくることはあります。

あるいは、今は、そういうケースではなくて、子供がせっかく私立のよい学校に入ったにもかかわらず、親がいないと退学させられるために、片親は残らなくてはいけなくなって、単身赴任《ふにん》になるということもある

ようです。

ともかく、いろいろな事情で離れて住むことになり、その結果、うまくいかなくなるケースもあるでしょう。そうした人生模様がさまざまにあるので、「結婚が、すべてパラダイスをもたらす」と考えるのは甘いと思います。

ただ、ある程度、自分の値打ちが分かってきて、「相手も、このぐらいの範囲でいいらしい」ということが見えてきた上で、それでも経験として、「人生が少しでも豊かになる」と思うのであれば、結婚を選んでもよいのではないでしょうか。

しかし、「煩《わずら》わしい人生からおさらばしたい」というのなら、あえて結婚を選ばずに、「友達程度で止《と》めておく」ということもあるかもしれません。休日などにたまに会ってくれるような人が欲《ほ》しいのであれば、それぐらいのところで止めておくという考えもありますから、人の選び方には、いろいろあると思います。

そういう意味で、世間《せけん》が多様化してきたこと自体は、個人にとって自由の領域が広がってきているということでもあるので、一定の生き方を押《お》しつける気持ちは、私にもありません。

ただ、あの当時から三十年近くたっているのでしょうけれども、「一回で決めようと思うから、結婚できないんだ」と、何度も何度も、耳にタコができるほど聞かされたのを思い出すことがあるのです。

確かに、そのように考えると、人生について、少し気が楽になるところはあるかもしれません。

年齢《ねんれい》を重ねるごとに、相手への許容範囲《はんい》を広げていくことが大事

また、渡部昇一《わたなべしょういち》さんも、次のようなことを何かに書いていました。

「『結婚というのは、鍵《かぎ》と鍵穴のように、必ずピッタリと合わないとドアが開《あ》かないものである。運命的に出来上がっていて、予定されており、神様が娶《めあわ》せたものであって、人間が別れさせてはいけない』というようなことが、キリスト教ではよく言われる。確かに、『この鍵でなければ開かない』という完全なセットだと思うほうがよいこともあるが、そういう相手を求めていたら、結婚できなくなることもあるのだ。最初から鍵と鍵穴のようにできているものではなく、だんだんに相手に合わせていきながら、『この鍵で、開けたいドアが開く』ということになるように、

お互いに歩み寄って、譲歩《じょうほ》しなくてはいけない。意見を言ったりもすれば、譲歩したりもしなくてはいけないものなのだ」

そういう意味では、「『こういう人なんだな』と思って受け入れるところも要《い》るのだ」ということは、知っておいたほうがよいと思います。

できれば、年を取れば取るほど、人生経験が豊かになって、人を許せる範囲《はんい》やキャパシティ、あるいは、人の失敗やミス等に対して寛大《かんだい》になれる気持ちが強くなっていくような、人間的に器《うつわ》が大きくなっていくタイプのほうがよいでしょう。

世間解《せけんげ》に目覚めていなければいけない年齢《ねんれい》になった人が結婚する条件としては、やはり、「許せる範囲がどのぐらい広くなってくるか」ということが大事なのではないかと思うのです。

若いほど相手を許せません。相手の欠点や素行《そこう》など、いろいろなものについて許せないのです。

例えば、若い夫婦《ふうふ》、あるいは恋人同士《こいびとどうし》は、相手が一日、所在不明というだけでも、嫉妬心《しっとしん》がムラムラと湧《わ》いて許せないでしょう。

「僕《ぼく》に内緒で、いったいどこへ行ってたんだ?」

「いや、会社で、ちょっと社員旅行へ行ってたの」

「ほんとかなあ。ほんとに社員旅行か。証明できるのか。証明書はあるか。どこの旅館に泊《と》まったんだ?」

このような感じで、細《こま》かく突《つ》っ込んで訊《き》いてくることもあるし、なかには会社にまで電話をかけてくる人も出てきます。

しかし、こういう執念《しゅうねん》深く、嫉妬深い感じになってくると、だいたい嫌《きら》われ始めるでしょう。

若いうちは、相手に完全を求め、独占性《どくせんせい》が強くなりますし、自分への忠誠心を求める傾向も非常に強いものですが、年を取ってくると、年輪《ねんりん》相応に許せる範囲が広くなるので、そのあたりの成長を待ちたいところではあります。

いずれにせよ、男女ともに年輪が重なっていくと、人間的に許せる範囲が広がり、許容できる相手は増えてくると思います。

ただ、それが狭《せま》いまま、若いときのままという人もいるかもしれません。しかし、独身だからという理由により、若いときの信条そのままに、「潔癖《けっぺき》で、相手の悪《あく》なり、悪《わる》さなり、嘘《うそ》なりを一切《いっさい》許せない」という性格で十年、二十年たった人は、そう簡単には結婚できないでしょうし、できたとしても、すぐに破局が訪《おとず》れるのではないかと思います。

お互《たが》いにサバサバとした、未来志向型の人間関係を築いていく

やはり、人間がどれほど不完全であるかということを受け入れつつ、

それでも、そのなかに素晴《すば》らしさを見つけていける傾向を養うことが、人間としての成長ではないでしょうか。

あなた（質問者）の友達が男性か女性か、私は知りませんが、その友達にとっても、「そんなに高望《たかのぞ》みはせず、自分が成長した範囲内で、受け入れられる人の範囲は広がると思ったほうがよい」ということです。

例えば、四十代なら四十代にもなって、「自分とピッタリの人で、自分を四十数年、ずっと待っていた人が世の中に存在する」などと思うのは、童話の読みすぎでしょう。

そんなことはありません。相手だって、いろいろな人に求めて求めて、探して探して、「この人じゃないか、あの人じゃないか」と思いながら、いろいろと失敗を経験してきて、現在に至っているはずです。おそらく、自分自身もそうでしょう。

お互《たが》い、さまざまな失敗を重ねて現在があるはずですから、そういうものも織り込み済みで許して、「一緒になって、何か新しいものがつくっていけるかどうか」という関係を持つことが大事です。

そういう意味では、某国《ぼうこく》の女性大統領のように、「千年たっても、この恨《うら》みは忘れません」などと言っているような人とは、そう簡単に結婚できるものではありません。怖《こわ》いです。恐《おそ》ろしいです。千年も恨まれたら、たまったものではないでしょう。

「あなたは、昔、若いころに、こんな人と付き合ってたのね」「前に別れた奥《おく》さんはこうだったのね。ああだったのね」と、結婚してからも、ずっと根掘《ねほ》り葉《は》掘りされ続けると、やはりたまらないと思います。

そのあたりについては、お互いにサバサバしていかないといけません。「未来志向で、二人の関係をよくしたいと思うのか、悪くしたいと思うのか。よくしたいと思うのなら、お互い、そういうものをほじくるのはやめようよ」ということです。そうした、「大人としての付き合いが必要なんじゃないか」という話し合いができないといけないと思うのです。ただ、年齢相応に、社会的に成熟できる人とできない人がいるので、そのあたりを自分自身に問う必要があるでしょう。

なお、宗教の本は、そういうものに対する勉強の「宝庫《ほうこ》」だと思います。社会に出てから宗教心を養うことで、人を許し、受け入れる範囲が、おそらく広がるのではないでしょうか。

したがって、必ずしも「シンデレラ・ストーリー」のようにはならないかもしれません。そういうことは、若いうちにはあっても、一定の年齢を超《こ》え、中年以降になったら、シンデレラ・ストーリー風の、「トントン拍子《びょうし》にうまいことといって、もう理想どおり」というようなことは、あまりあるものではないのです。

むしろ、平凡性というか、普通《ふつう》であることに耐《た》えられる力も要るわけです。

それでも、あえて結婚するかどうかについては、別途《べっと》、考慮《こうりょ》の余地はあるでしょう。

「忘却力《ぼうきゃくりょく》」もまた人生力《じんせいりょく》の一つである

私は、人間の能力の一つとして、「忘れる力」というものがあると思います。若いうち、特に学生時代は、記憶力《きおくりょく》のよいことが非常にプラスに評価されますが、一定以上年を取ったら、「忘れる力」も能力のうちだと思うのです。要するに、ケロッと忘れてしまえる力です。相手の失《しっ》言《げん》や失敗などを、すぐに忘れてくれるタイプの人は、女性であっても男性であっても、やはりありがたいものでしょう。

一方、「あなたは、五年前の結婚のときに、こういう十カ条の約束をした」と言って、それを一個一個、思い出して暗唱し、「それに反している」というようなことを追及《ついきゅう》するような人は、やはり厳しいです。むしろ、「そんなことあったかな?」という感じでケロッと忘れてくれるほうが、ありがたいことはありがたいのです。

やはり、喧嘩《けんか》をしても、一定の時間がたてば、すぐに和解できるような関係をつくっていくことが大事でしょう。

そういう意味では、「忘れる能力の大切さ」というか、「忘却力《ぼうきゃくりょく》もまた、人生力《じんせいりょく》の一つなのだ」ということを知っておくことが大切であると思います。

Point

- □ 人生の平均値、自分と釣り合う相手が見えてきたとき、それでも結婚したいと思うかどうか。
- □ 「プラスマイナスで、多少プラスが出たらよいかな」と思えるならば、結婚を選んでもよい。
- □ 離婚・再婚、キャリアウーマン、単身赴任など、世間が多様化してきたこと自体は、自由の領域が広がっているということ。
- □ 一回で決めようと思うと結婚できなくなる。三回くらい結婚するつもりでいれば、人生について少し気が楽になる。
- □ 結婚は鍵と鍵穴のようにピッタリ合うものと考えるのではなく、年齢相応に許せる範囲が広がることが望ましい。
- □ 相手の過去を許し、未来志向で一緒に新しいものをつくっていくことが大切。

Chapter 2

職場における「人間関係」の悩《なや》みに答える

Q2

職場で仕事よりも人間関係で悩《なや》んでいます

職場の「人間関係」について、お尋《たず》ねします。

仕事そのものよりも、人間関係のほうがつらくて、どうしてよいのかが分からなくなるような人も多いと思います。

職場のなかで、「嫌《きら》われているのではないか」という感じになってしまった際に、「人間関係を、どのように構築し直せばよいのか」、あるいは、「辞《や》めてしまったほうがよいのか」などについて、考え方の指針を教えていただければと思います。

「次の職場を探さなくてはいけない」場合とは

私はいろいろと霊的《れいてき》なことを調べたりするのですが、生まれてくる前に、例えば、「この職業の、この会社に勤めて、ここまで偉《えら》くなりたい」というような感じで決めてきている人が、それほどいるようには思えません。はっきりとそのように聞いたことはないのです。

そもそも、自分が大人になったときに、その会社があるかどうかは分からないので、そこまではっきり決めているわけではないと思うのです。

また、いろいろな試験や面接などがあって選ばれることになりますので、たまたま、どこに決まるかは分からないこともあるでしょう。そのため、「不本意だ」と思うところに決まることもあるし、「自分に向いている」と思ったところに決まったとしても、「職場で役に立たなかった」ということもあるわけです。

そういう意味では、本当に居場所が違《ちが》っていて、「針のむしろ」というか、周りの人とうまくいかない人もいるだろうと思います。

例えば、「自分は、勉強がよくできて頭がよかったので一流大学に行った。一流大学に行ったら、やはり一流企業《きぎょう》に勤めないと格好がつかないので、一流企業に勤めた。そうやって、一流大学、一流企業へと入ったものの、何だか居心地《いごこち》が悪い」という場合も、当然あるでしょう。

なぜなら、要求される能力が違う場合があるからです。

勉強ができるといっても、一人で答案を書いたり、問題を解いたりしている分には、よい点数を取れたり、あるいは、速く解けたりするような人もいるかもしれません。ところが、社会に出て職業に就《つ》いた場合には、どうしても「対人関係」が出てくるわけです。

やはり、対人関係においては、人と話すのがうまい人もいれば、苦手《にがて》な人もいます。一方、機械が好きな人もいれば、嫌いな人もいるでしょう。「大勢で飲みに行こう」というような職場に配属されると、すごく困惑《こんわく》する人もいるのです。

例えば、「全国模試で何番」というような好成績を取っているので、さぞかし「スーパーマンみたいな人だろう」と思っていたところ、「全然、人と話ができない」というような人はたくさんいます。そのような人は理系にも多いのですが、文系にもいることはいます。「勉強はできても、人と付き合えない」というタイプの人がいるわけです。

そうした人の場合、企業名だけに惹《ひ》かれて、「一流だ」と思って入ったものの、「実は、周りの期待と全然合わない」というようなことはあるでしょう。あるいは、その人が変化していく可能性もあるかもしれませんが、合わないこともあるわけです。

そのように、根本的にどうしても合わない場合は、しかたがないので、次の職場を探さなくてはいけないこともあるだろうとは思います。

社会では「学力」よりも「人間関係力」が大きく影響《えいきょう》してくる

ただ、優秀《ゆうしゅう》な人の場合、「自分が優秀だ」ということで満足していれば構わないのですが、そうした「優秀だ」ということが、他人に対する支配力や影響《えいきょう》力として現れないと気が済まないタイプの人も世の中にはいます。

要するに、「自分は優秀なんだ。だから、自分の言うことが周りに聞いてもらえなければおかしい。周りの人は、聞き入れなくてはいけない。自分に影響されて、そういうふうにならなければおかしい」というように考える人もいるのです。

さらには、そうした自分の影響力や支配力が周りに及《およ》ばないので、

「納得《なっとく》がいかない。この組織はおかしい」と考え、「自分を認めてくれないような組織はおかしいから、辞める」という感じで辞める人もいるでしょう。

ところが、そうした人の場合、次のところに行っても、やはり同じことが繰《く》り返し起きることがよくあるわけです。

これは根本的に、学生時代までは、点数化されて測定されるもののなかに、「人間関係力」というものが、あまり入っていないためです。そうしたものは、通信簿《ぼ》でいうと、たいてい、備考欄《びこうらん》あたりに先生が書いているようなことでしょう。

例えば、「生活指導の面で、こうでした」とか、「クラスの活動や劇、生徒会で、こんなことをしました」とかいうように、備考として書いてくれますが、実を言うと、そのあたりに関係する部分なのです。

ほかにも、「クラブ活動で、人知れず努力して、いろいろとみんなのお世話を陰《かげ》ながらしていました」とか、「汗《あせ》を流していました」とか、「劇で、誰《だれ》それが病気で出られなかったときに、その人を励《はげ》ましながら、自分が代役を務めました」とかいうことがありますが、こうした、たまに通信簿の端《はし》の欄に書いてくれるようなことが、会社などに入ったときに大きく響《ひび》いてくるわけです。

実は、「主要科目が五段階評価、十段階評価で何点になっているか」ということは、それほど大きく影響しません。むしろ、「人間関係や、いろいろな事件などに、どのように対処したか」ということが大きいのです。

あるいは、「人から誤解を受けたときに、どのように切り抜《ぬ》けたか」「いじめなど、いろいろなものをどのように防いだか」「いじめられている子をうまく助けたか」「悪事を働いている人をうまく抑止《よくし》したか」というようなこともあるでしょう。

「人間を測る因子《いんし》は多数ある」と知ろう

頭のよし悪《あ》しについても、普通《ふつう》は成績や受験の合否だけで判定されやすいのですが、実際、個人個人にはいろいろな事情があるので、それだけでは分かりません。結果だけを見て、頭のよし悪しなど分からないのです。

経済力にも、いろいろと差はあります。きょうだいの多い子もあれば、一人っ子もいます。お父さんやお母さんが勉強を教えてくれるような家庭もあれば、「全然、分からない」という家庭もあるでしょう。

また、親が両方ともいなかったり、片方がいなかったりして、おばあちゃんに育てられているような子もいれば、孤児院《こじいん》のようなところで育った子もいます。そのように、いろいろな条件下で生きているわけです。

さらに、よい進学校に入れた子もいれば、そうでない子もいるし、荒《あ》れた学校にいる子もいます。あるいは、塾《じゅく》などに通えた子も、通えなかった子も、家庭教師をつけられた子も、つけられなかった子もいるのです。だいたい、都市部などに生まれれば、塾や予備校など、いろいろなところに通えるチャンスも多いのですが、僻地《へきち》や田舎《いなか》のほうに生まれると、そうした可能性は減るでしょう。

やはり、本当の意味で、人間の頭のよし悪しが平等に測られているとは言えないため、社会に出てから、いろいろとイレギュラーな予想外の差がついてくる場合が出てくるのです。要するに、「地頭《じあたま》がいい」という人がいますが、そうした、人間として地力《じりき》のある人が、だんだんに頭《とう》角《かく》を現してくるわけです。

例えば、かつて、模擬《もぎ》試験などを受ければ、自分の二倍も点数を取っていたという人もいるかもしれません。「五百点満点の試験で、自分は二百点のところ、彼は四百点も取っていたから、彼は頭が二倍いいのかな」と思っていたような相手もいるでしょう。その彼に、やがて会社に入って出くわしたとします。

ところが、「当然、エリートだろうと思っていた彼が、十年たって、いつの間にか〝窓際《まどぎわ》〟に回っていて、自分は営業のほうでトントン拍子《びょうし》に出世していた」というようなこともあるわけです。

そのように、「人間を測る因子《いんし》、測定する因子は多数あるのだ」ということを、まず知っておいたほうがよいと思います。また、自分が職場でうまくいかない理由が、いったいどういうものかについても、よく知ったほうがよいでしょう。

「自分の快適さ」と「会社としての責任感」は別の場合がある

もちろん、職場中がうまくいっているのが、いちばんよいとは思います。みなが和気あいあいとしていて〝ハッピー、ハッピー〟で、「課内旅行は行けるし、忘年会もクリスマスもできるし、各人の誕生日にはパーティーをしてお祝いできるので、何かアットホームでいい会社だなあ」というようなところもあるかもしれません。

しかし、あっという間に倒産風《とうさんかぜ》で倒産してしまうようであれば、それまででしょう。「実にいい会社だ」と思っているところが倒産することもあるのです。

一方、「友人の勤めている会社はきついなあ。何か、いつ電話して誘《さそ》っても、『残業、残業』で帰れない。ブラック企業だな、あそこは」と思っていても、自分の会社は不況《ふきょう》の風で潰《つぶ》れてしまったのに、そちらは〝ピンピン〟していて潰れないというようなこともあるので、どちらが親切かは分からない面もあります。「二時間余分に働かされて、かわいそうに」と思っていても、その会社は潰れずに、五時に帰っていたような会社が潰れることも、当然あるわけです。

したがって、「自分の快適さ」と、「会社としての組織の強さ・強靱《きょうじん》さ」、あるいは、「会社の従業員に対する責任感」とは、別の場合があります。「〝comfortable《コンフォータブル》〟（居心地がよい）かどうか」と、「会社が従業員の生活や未来に対する責任感を持っているかどうか」ということには別の場合があるので、そのあたりを見抜かないといけないでしょう。

「勉強のできない人」「勉強のできる人」が不満を持つ理由

なお、職場での職位が上がったりして責任が重くなればなるほど、ストレスは増えていきますが、そのストレスにどのくらいまで耐《た》えられるかには、どうしても個人差が出てきます。

やはり、どの程度、自分の精神力や体力が強靱かということを試《ため》されるところはあるわけです。

例えば、「勉強のできない人」は、できない人なりに、「仕事のミスが多く、怒《おこ》られ続けて耐えられない」ということもあるでしょうが、「勉強のできる人」はできる人で、「もう少し仕事ができるはずなのに、自分がそれに堪《た》えられないのが悔《くや》しい」というような不満を持つこともあります。

ただ、その場合も、本人には見えていないものがあって、学校と職場で要求されているものが違うのです。

簡単に言えば、書類仕事のような面が多ければ、学校秀才のほうが評価される可能性が高いのは事実でしょう。書類業務を行《おこな》ったり、きっちりした表をつくったり、数字を出したりするような部署であれば、学校秀才のほうが有利な面が多いわけです。

ところが、例えば、営業のような仕事になってくると、はっきり言えば、学校秀才より、「ラグビー部で主将をやった」とか、「雨のなか、泥《どろ》まみれで試合をやった」とかいうような人のほうが強いのです。

あるいは、企画部門で、新しいプランをつくってお客様に提案したり、広告会社のようなところで企画を出したりするような仕事をさせてみれば、「学生時代に授業に全部出て、『優《ゆう》』を揃《そろ》えていました」といった秀才よりも、「学生時代は、ちゃらんぽらんにサボりながら、実は、あちこちの遊び所で遊んでいた」というような人のほうが、たくさんのプランを出してくる場合もあるでしょう。

その際、「自分は、大学生にもかかわらず、一生懸命《いっしょうけんめい》に予備校にも通い、専門学校でも勉強して冬休みを過ごした。一方、あいつは、どこかの雪山に行って、友達と仲良く合宿し、山を滑《すべ》って遊んでいた。それなのに、会社へ入ったら、あいつのほうが営業の企画などで、たくさん当てて、光が当たっている。けしからん」と思うことがあるかもしれません。

しかし、どちらが仕事のほうにつながるような適性を持っているかといえば、遊んでいた人のほうは、企画のつくり方を考えていたかもしれないということがあるわけです。

東大の「文Ⅰ」と「文Ⅱ」に見る「社会的適性」の違《ちが》い

東大には、文Ⅰ（法学部）と文Ⅱ（経済学部）がありますが、文Ⅰのほうには、勉強ばかりしていて、法律や判例、条文などを一生懸命に覚えているような、社会的適性が比較《ひかく》的に低い人がわりに多くいます。勉強はできるものの、そうした適性が低い人が多いのです。

そのため、私の在学していたころから、「文Ⅰの学生は、毎年一人、自殺する」とずっと言われていました。成績が悪いと自殺する人もいるわけです。

世の中からすれば、きっと、「バカバカしい」と思われるでしょう。「東大まで行って、『成績が悪い』という理由で死ななくてもいいじゃないか。卒業すれば誰も分かりはしないんだから。『東大を出ました』と言ったら、そのあとは、『成績はどうでした？』なんて訊《き》かれやしないのに、何をバカなことを」と、外の人はたいてい言うと思います。

ところが、本人にしてみれば、けっこう微妙《びみょう》な問題であって、「『優』がなかった」とか、「一個しかなかった」「二個しかなかった」「これで就職先を逃《のが》した」などと言って、自殺してしまったりする人がいるわけです。

一方、別に差別しているわけではありませんが、文Ⅱから経済学部のほうに行く人には、最初から、「就職しよう」と思っている人がわりあい多いので、「就職適性をつくろう」という傾向《けいこう》が昔からあって、社会勉強のほうに励む傾向があります。

「『成績』と言っても、どうせ就職するんだから、どんなところが就職先として自分に合うかどうかを調べるために、雀荘《ジャンそう》にも研究に行かなければいけないし、酒場にも勉強に行かなくてはいけない。また、麻雀《マージャン》だけではなくて、トランプ、その他、いろいろな遊びもあれば、旅行もある。さまざまなことを経験しなくてはいけないし、バイトもしてみたい」というわけで、いろいろなことをしている人が文Ⅱには多いのです。そのため、「文Ⅱは自殺しない」という定評が昔からありました。

ちなみに、東大の先生は、四月に入ると、すぐに、「みなさんに最初から言っておきますが、文Ⅰは毎年一人、自殺します。文Ⅱは自殺したことがありません」と言っていました。

さらに「その考え方の違《ちが》いは、はっきりしています。文Ⅰは、いかによい成績を取って、人より先に、いろいろな資格試験に合格し、よい官庁等への就職を決めるかということに血道《ちみち》を上げているけれども、文Ⅱのほうは、『どこかに就職できればいい』と思っていて、けっこう、ちゃらんぽらんに遊んでいる人が多いのです。そういう人がいると、みんな安心できるので、それほどむきにならないところもあるわけです」というようなことを、毎年、言っていたのです。

確かに、そういうところもあるかもしれません。

足りない部分を補《おぎな》い、「人間学」を身につける努力をしよう

実際、社会に出てみると、遊んでいたような人が役に立つこともあります。特に、接客業、サービス業系の場合、「勉強ができたかどうか」ということはあまり関係がなく、「人の気持ちが分かるかどうか」のほうが大事になるのです。

例えば、銀座《ぎんざ》のクラブのママたちは、頭はよいといっても、勉強ができるわけではないのですが、客の筋《すじ》はすぐに分かります。「いい筋の客か悪い筋の客か」「財布《さいふ》に幾《いく》らあるか」「どのくらいの地位か」が、一発で分かるのです。ところが、勉強をよくした人は、それを見ても分から

ないことがあるわけです。

そのように、それぞれの職業に適したものがあるので、自分が今いる職場においても、何か足りない部分を追加することで、できるようになるのであれば、その足りない部分を補《おぎな》うべく、自分なりに視野を広げるなり、経験を広げるなりの努力をしていけばよいでしょう。

また、自分と対照的な方が一定の評価をされているようならば、「その秘密は何か」ということを見て、その人からも学ぶことが大事だと思います。

やはり、優秀な人の場合、「自分とは対照的な人から学ぶ」、あるいは、「自分より若い人からも、大事な部分があれば学ぶ」という気持ちを持つことが必要でしょう。もちろん、年上の人からも学ぶことはあるわけですが、次には、そうではない、他の人から学ぶということをしなければなりません。

自分の能力が高い人は、他の人から学ぶ能力が低い場合があります。孤立して、孤独に勉強を続けてきた結果、そうした他の人の部分については、勉強できていないことがあるのです。

そのような「人間学」ができていないために、事業の大《だい》を成《な》すことができなかったり、経営者になれなかったり、あるいは、サービス系の仕事に就《つ》けなかったりするようなことがあるわけです。

アメリカ人に笑われる、日本人同士の〝お辞儀《じぎ》合戦〟

だいたい、ホテルの従業員は、ほとんどが高卒で、彼らが主流になっています。やはり、大卒を採《と》ると、物理的に〝頭《ず》が高くなる〟らしく、お辞儀《じぎ》をさせると、大卒のほうのお辞儀の角度が、どうしても浅いわけです。要するに、(指を三十度くらいに傾《かたむ》けて)このくらいになるのですが、高卒であれば、もう少しお辞儀ができるようになります。やはり、四十五度ぐらいまではお辞儀をしなくてはいけないでしょうし、謝罪する場合であれば、九十度ぐらいまでお辞儀をしなくてはいけません。ところが、〝頭が高い〟と謝《あやま》ることもできないし、お辞儀をすることもできなくなるわけです。

このように、どうしても「色分け」できることがあるので、このあたりは努力が要《い》るところでしょう。

なお、日本社会では、大卒であっても、お客様相手の仕事になると〝お辞儀合戦〟はけっこうありますが、これをするとアメリカでは笑われます。「何よ、あれ？ コメツキバッタみたいに、ペコペコ、ペコペコして、日本人って嫌《いや》な習慣があるのね。お互《たが》いに何してるの？（両手の指を直角に傾けて）こんなにお辞儀をしたら、顔が見えないじゃないの」というわけです。

昔、私が勤めていたニューヨークのオフィスは、ワールドトレードセンターという世界一のビルに入っていましたが、そういうところでも同じでした。日本人同士の場合、お客さんとお別れをするときに、エレベーターのところで両方ともお辞儀をするのですが、先に顔を上げたほうが〝負け〟なのです。先に顔を上げて、まだ、向こうが頭を下げていたら、自分の負けになります。「どちらが先に上げるか」ということで長くうつむいており、先に頭が上がったほうが負けなのです。

要するに、そちらのほうが、営業員やサービス系としては、能力は下になるわけで、「胆力《たんりょく》が足りない」ということでしょう。自分が顔を上げたときに、相手の、それも自分より地位が高い人の頭がまだ下がっていた場合、「とても敵《かな》わん。そこまでやるか」といった感じかもしれませんが、これも根性《こんじょう》比べではあります。

それは、アメリカ人が見たらゲラゲラ笑うぐらいの〝直角対決〟なのですが、社長クラスの人同士が、両方で〝九十度対決〟をして、どちらが先に顔を上げるかの我慢《がまん》比べをしているわけです。

しかし、結局はどうしても我慢ができなくなって、どこかで顔を上げることになります。エレベーターの「チーン、ポーン」という音がして、人がダーッと降りてきたり、乗っていったりするようなことがあると、ハッとして、「このあたりでいいか」と思い、顔を上げてしまうのですが、そのときに勝ったか負けたかが出るわけです。なかには、露骨《ろこつ》に「勝った」などと言って帰る先輩《せんぱい》もいました（笑）。

しかし、このような世界は、学校の勉強で習ったことは絶対にないはずです。経験しなくては分かりません。お辞儀のときに自分の頭が相手より高く、相手のほうが深い角度だった場合は〝負け〟になります。腰《こし》が曲がらない人、頭が下がらない人は〝負け〟なのです。

いずれにせよ、世の中には〝不思議なこと〟がたくさんありますが、自分では気がついていないこともあるということです。

日ごろからの人間観察によって「勘《かん》」を磨《みが》く

また、「命令を受けたことを、ただ単に淡々《たんたん》とこなしていれば、それで百パーセントだ」と思っているかもしれませんが、そのような会社ばかりではなく、以心伝心《いしんでんしん》の直感力が効く職場はたくさんあります。

ただし、そうしたところでは、具体的に、「おまえ、これしろ。あれしろ」とは言われません。そう言われるのは、実際上、新入社員に近い扱《あつか》いなのです。

むしろ、上司の目つきや、その日の気分、顔つきなど、いろいろなところを見て、「ああ、今日はこれを欲《ほっ》しているな」ということを勘《かん》で当て、「こういう仕事が要《い》るのではないかな」と思って提案するわけです。やはり、取引先だけではなく、上司に対しても提案が要ります。

例えば、部長に、「今日は天気もいいですし、ここを攻《せ》めたらどうでしょうか」とか、あるいは、「もうそろそろ、あれを中間締《じ》めしておかないといけないですね。中身はどのぐらいまで達成しているか、一回、調査を進めておきましょうか」とか、頃合《ころあ》いを見て勘を働かせ、「今、こういう仕事が要る」というようなことを一言《ひとこと》、提案できるかどうか。

このような能力が、けっこう大きくなってくるのです。

これは「勘の世界」ではありますが、その勘を磨《みが》くには、日ごろからの人間観察力がものを言うわけです。

こうしたことも、学校ではなかなか教えてくれないでしょう。ただ、そう考えると、社会に出ても、まだ、人間としての成長の余力はあるということです。

組織のなかで必要になる「調整能力」

さらに、もう一つ、学校の点数に出にくい能力があります。それは、

「調整能力」です。

この能力も、点数には出にくいでしょう。

やはり、試験の点数に出る能力というのは、〝個人戦〟の力なのです。そうした個人戦としての能力差が出ることは多いのですが、人間間《かん》の調整能力のようなものは、どうしても点数で出すことはできないのです。

ところが、実際に組織のなかで生きていると、「その人がいると、何となくまとまる」とか、「緩衝材《かんしょうざい》になって喧嘩《けんか》が収まる」とかいうことはあります。ほかにも、「人の能力のでこぼこの部分」や「仲が悪かったり、相性《あいしょう》が悪かったりするところ」、あるいは、「上司と部下の間の、つながらない部分」などがつながってくるといったこともあります。そういう調整能力のようなものが、やはりあるわけです。

こういう力は、学生時代にクラブのマネージャーをしたり、飲み会の幹事をしたりして出てくる場合もあります。クラブのマネージャーぐらいであれば、就職のときにも少しは考慮《こうりょ》されるかもしれません。

いずれにせよ、いろいろな世話役をしているような面は、外から見えないところがけっこうありますが、こうした「コーディネーターとしての能力」のようなものが、意外に力を発揮してくるのです。

一般的に、コーディネート能力は、人によってかなり差があって、偏《へん》差値《さち》的に言えば、五十ぐらいの幅《はば》を持っていると思われます。

例えば、個人主義であっても、コーディネート能力がない場合、宮本《みやもと》武蔵《むさし》のように、「個人では強くても、『柳生《やぎゅう》』のように流派をつくるところまではいかない」ということになるわけです。

そういう意味で、「流派をつくれる人たちは、組織を結びつけていく力が強い」ということが言えるのではないでしょうか。

したがって、実社会で新たに要求される能力というものを知っていることが大事ですし、そうしたものも「志《こころざし》」を持っていれば、養うことはできるのです。

若い人が気がつきにくい「組織力を高めるための考え方」

なお、私も、個人としての修行《しゅぎょう》になることや、勉強としてプラスになることをよく発信しているので、「組織として、うまくいくかどうか」という部分の発信は、十分ではないかもしれません。そのあたりについては、補《おぎな》っていかなくてはいけないと思っています。

ちなみに、昨年（二〇一四年）末、私の三男が学生部研修で総本山《そうほんざん》・未来館《みらいかん》に行き、『智慧《ちえ》の法』特別公案《こうあん》研修の「学生用公案」を受けてきました。

それは、私が学生用公案として、『智慧の法』（幸福の科学出版刊）から取ってつくったものです。ところが、三男に「見事に、個人に当たるところばかりが出ていて、組織の力を高める部分についての公案が欠けていたので、困りました。組織力を高めようと思っているのに、この公案が抜けていました」と言われました。

私は、「チェックが足りなくて、まことにすまなかった」と答えましたが、確かに、「組織力を高める」ということは、若いうちは、あまり気がつかないものかもしれません。

実際、組織力は、つくっていくと、二倍にも三倍にも十倍にもなってくるものなのですが、若いうちは、なかなか悟《さと》ることができないものでしょう。実は、それを知ろうとした場合、私がつくった公案のなかでも、個人用や、若い人用のものではなく、経営者などの、もう少し上のレベルにある人たちの仕事の仕方、勉強の仕方、あるいは、考え方を示している部分を引いてきて、やらなくてはいけないわけです。

そうした、人を率《ひき》いていく人たちの考え方は、若くても学ばなければ、実は、できないのですけれども、実際に、それが当たる人は、それほど数多くいるわけではないのです。

やはり、個人主義的に教えが説かれている部分については、そうではない面が、まだありますので、それを必要とする人は、もっと年上の方が学ぶべき教えについても、自主的に学んでいくことが大事だと思います。

つまり、若い人に対しては、極力、個人としての力を伸《の》ばす方法を私は説いているはずですが、「それだけでは足りないのだ」ということです。

Point

- □ 勉強がよくできても、職場では「人間関係力」が求められるため、周りの期待に合わないことがある。
- □ 人間を測る因子は多数あることを知っておく。
- □ 書類仕事は学校秀才が有利だが、営業・企画部門は、部活や遊びを経験した人のほうが適性が出てくる面がある。
- □ 「自分とは対照的な人、自分より若い人から学ぶ」という気持ちを持ち、「人間学」を身につける。
- □ 試験では測れない「人間観察力」や、人の能力や相性を調整する「コーディネート能力」が実社会では求められる。
- □ 点数化できる能力は〝個人戦〟の力だが、人を率いていく人の考え方を学べば、組織力は十倍にもなっていく。

Chapter 3

美容整形と「身体的コンプレックス」について答える

Q3 美容整形で自信を持つのはいいことですか？

何らかの身体的コンプレックスを持つ人は多いと思いますが、現代では、「プチ整形」といって、比較《ひかく》的気軽に美容整形ができるようになっています。整形をすると、自信を持って明るく生きられるようになるかもしれませんが、一方で、「親から頂いた体に手を入れる」ということに罪悪感を感じる場合もあると思います。

美容整形に対する考え方についてお教えください。

海外ではメジャーになりつつある「美容整形」

この質問は初めて聞いたように思います。今までに出ていないかもしれません。

ちなみに、お隣《となり》の国、韓国《かんこく》には「整形美人」がたくさんいるとのことですが、若いうちに整形すると、年を取ったときに、その部分だけがあまりにも若々しいので、〝ちょっと怪《あや》しい〟という方も多いと聞きます。

確かに、外見が変われば人生が変わるように見えるところもあるでしょう。日本ではまだ、美容整形がそれほどメジャーにはなっていないと思うのですが、韓国やタイなどでは、外形を変えてしまうほどの手術をする人も多いようではあります。

儒教国《じゅきょう》には、「親からもらった体を、あえて傷つけてはいけない」という考え方があるのですが、韓国も儒教国と言われるわりには、整形美人が〝横行《おうこう》〟していますので、それは一種の流行なのでしょう。

もしかしたら、日本でもそれが進んでおり、「私たちはもはや虚偽《きょぎ》の世界に生きている」という可能性もありますが、「私は整形しました」などと言う人は少ないので、それは分かりません。

ただ、歯の矯正《きょうせい》などは昔に比べて非常に多くなりました。わりに小さい子供から若い女性まで、歯の矯正をしている人は増えてきています。あるいは、植毛《しょくもう》や育毛《いくもう》などについても宣伝はされているわけです。

整形に頼《たよ》らずに自分を変えるための具体的な方法

しかし、本当は、心が変われば、外見も変わってくる面があるのです。

私は、宗教の教えとしてそれをよく説いているのですが、人には、「思いの力」によって、体の各器官から体の表面、外見まで、かなりコントロールできるところがあります。

また、「美人かどうか」といっても、「客観的に、〝モンタージュ写真〟風に美人である」ということと、「他の人がその人を美人と感じる」ということには、実は違《ちが》いがあるのです。

やはり、人間は、ある程度、霊的《れいてき》な存在であり、相手から〝発散〟されているものを感じ取ってしまうところがあるため、男性であれ女性であれ、平凡《へいぼん》な顔であっても元気はつらつとしていると、周りも何となく元気になってきたり、明るくなってきたりします。すると、実際よりもずっとよい人で素晴《すば》らしい人のように見えることもあるわけです。また、「外見的な年齢《ねんれい》」だけでなく、「心の年齢」もあります。

あるいは、役者のようにはできなくても、彼らが役をつくるように、「各人が自分の人生の主人公だ」と思い、「自分を自分で操《あやつ》れる」「自分自身を操縦《そうじゅう》できるのだ」という心の法則をしっかりつかむことで、自分を変えていくことはできます。

さらに、「外見」のなかには、身体《からだ》だけではなく、その外側の服装なども、もちろん入ります。

アメリカのポジティブ心理学か何かの本にも書かれていたと思いますが、例えば、すごく落ち込《こ》んでいるときに〝落ち込んだ服装〟をしていたのでは駄目《だめ》で、そういうときこそ明るい服装に替《か》えたり、明るい色のネクタイなどで引き締《し》めたりして気持ちを変えるとよいそうです。

こうした考え方の基本は、おそらく「セールスマン」あたりがモデルになっているのだと思います。彼らは、ほとんどの場合、断られますが、百軒《けん》回って九十八軒、九十九軒で断られたら、やはり普通《ふつう》は落ち込むでしょう。あるいは、当会の信者が伝道や献本《けんぽん》、選挙活動をしても、断られることは多いでしょう。

ところが、「どうせ断られるのだ。断られるに違いない」と思い、それをストレートに外に出して回っていると、相手も、「断ってよいのだな」という感じの対応になってくるのです。

したがって、多少、人の逆を行く部分も必要かと思います。

例えば、梅雨時《つゆどき》になると、ジメジメして鬱陶《うっとう》しく、会社などでもみな機嫌《きげん》が悪いものです。「やる気も出ないし、できたらサボりたい。もう来たくない」というときが多いのですが、そういうときにピシッとしていて元気がよいと、非常に目立ちます。

また、みなが、「夏休みに入りたい」「冬休みに入りたい」というようなときにまでピシッとしていると、引き締まったり、目立ったりすることもあるでしょう。

そのように、しっかりと心理学を勉強して、自分自身を整《ととの》える術《じゅつ》を身につけることが基本だと思います。

もちろん、整形で美しくなると、他人《ひと》から愛されるようになることもあるのかもしれないし、そうしたことも否定はしません。しかし、それには限度があるのではないでしょうか。

整形して自分を変えることには、当然、ほかの人に対して違ったイメージを与《あた》えるための作戦という面もありますが、「自分自身で鏡を見たときに、『自分は変わったのだ』と思い込むことによって、別人になろう」という動機も必ずあると思います。

つまり、改造して、〝改造人間〟になってしまえば、純粋《じゅんすい》に自分自身を騙《だま》せるわけです。役者にならずとも、自分で自分を騙すことができるということでしょう。

もちろん、世の中の流れがそうなるならば、私は特に否定する気はないのですが、「現在ありのままの自分であっても、努力によって違うように変われるのだ」ということも知らなくてはいけません。やはり、心境や意欲、意志力、表情の問題でもあろうし、あるいは、年齢相応に収入等が、ある程度備わってきたら、着るものなどでもカバーできるだろうと思います。

新入社員時代に勧《すす》められて買った「社長になれる人だけが使える印鑑《いんかん》」

さらに、役者ではありませんが、「自分はこういう人間なのだ」と、ある意味での自己催眠《さいみん》をかけることも大事だと思うのです。決して悪いほうに考えるのではなく、例えば、「このように変わっていきつつある」「毎日よい方向に変わっているのだ」と自己催眠をかけていくと、だんだんそういう雰囲気《ふんいき》が出てき始めます。そうしたことが大事なのです。

もちろん、それが〝ワープ〟しすぎていて、周りから散々《さんざん》に言われ、失敗する場合もあるでしょう。

以前にも述べたことがありますが、私は、新入社員のときに、社長印のような印鑑《いんかん》を押《お》していて、ガンガンに怒《おこ》られたことがあります。

私と同じ名字《みょうじ》の部長がいたのですが、新入社員である私の印鑑の大きさは、その部長の印鑑の二倍ぐらいあったのです。

部長のほうは黙《だま》ってずっと押し続けていたものの、さすがに、周りの人からはこう言われました。「部長の印《いん》はここに押してある。この大きさだ。おまえの印はここにある。こんなに大きいぞ。これがどういうことか分かっているのか。おまえの印鑑の大きさを見ながら課長が押し、部長が押しているんだぞ。おまえは新入社員なのだから、三文判《さんもんばん》を押しておいたらいいじゃないか」

しかし、私は、「それは分かっていますけど、何か問題でもあるんですか。三文判で押しても、出世《しゅっせ》する度《たび》に大きくしていくのは面倒《めんどう》くさいので」と言って、どうせなら最初から〝社長印〟をつくっておいたほうが早いと思い、新入社員ながら〝社長印〟を押していました。

実は、新入社員として入った四月の半《なか》ばごろに、印鑑をつくりに行ったところ、印鑑屋が、「あなたはトップにしかなれない人だから、社長印をつくったほうがいい」と言うので、私は、半分、「騙されたのかもしれない」とは思いつつも、社長印のような印鑑をつくったのです。

実印と銀行印、認め印の三本でしたが、向こうは、「あなたにはこれしかない！」と言って、勧《すす》めてきたわけです。

私が、「これはすごいですね。素材は何ですか」と訊《き》くと、「虎目《とらめ》の宝石でできている」とのことで、よくは知りませんが、それは南アフリカなどで採《と》れるもののようでした。

向こうは、「これは誰《だれ》もが使えるものではないんですよ。下手《へた》な人が持つと人生破滅《はめつ》であって、使える人と使えない人がいるんです。虎目の宝石の印鑑を使えるのは社長になれる人だけで、ほかの人だと没落《ぼつらく》しますから、誰にでもお勧めするわけではありません」と言うのです。さらに、「私が嘘《うそ》をついていると思うのなら、断ってくれて結構です」と嘆《たん》呵《か》を切ってきました。

そのため、こちらも、「そこまで言うのなら買ってもいいか」と思い、購入《こうにゅう》することにしたわけです。

〝住所も電話番号も書けない男〟を信用した印鑑《いんかん》屋

その際、「あなたの住所は?」と訊《き》かれましたが、私はボケていたのか、自分の住所も知りませんでした(笑)。サラリーマンとしては最悪ですが、当時私は、千葉にある会社の寮《りょう》に住んでおり(注。現在は、幸福の科学の施設《しせつ》〔雌伏館《しふくかん》〕となっている)、自分の住所など書いたことがなかったため、覚えていなかったのです。

次に、「では、電話番号は?」「名刺《めいし》は?」と尋《たず》ねられましたけれども、電話番号も覚えておらず、名刺も忘れてきていました。自己証明をするものは何もなかったわけです。さらに、お金も持ち合わせていませんでした。

要するに、「お金もなければ名刺もない。住所も電話番号も分からない。どこの何兵衛《なにべえ》かを証明できない」という状態です。

もちろん、名前と生年月日は書きましたし、「こういう会社に勤めている者だ」とは伝えましたが、相手には、本当か嘘かは分からないでしょう。

そういう意味では、印鑑《いんかん》屋にとっても代金を取りはぐれる危機であったわけです。

しかし、向こうも、虎目の宝石でつくったという印鑑をあえて勧めている以上、自分の見立てに間違いがあってはならないわけで、「でも、あなたは信用できる人だ。金銭的に信用できるので、今、お金がなくても心配ない。あなたは、金銭的にごまかしたりはしない人だから信用できる。代金はちょっと高めだけど、払《はら》い込んでおいてくれ」と、住所も電話番号も書けない男に言うわけです。

さらに、「この氏名と生年月日から見て、あなたは、絶対、会社を辞《や》めて独立するだろう。これは運命なので、やっぱり社長印が要《い》るんだ。つくっておかないと間に合わないから、つくっておきなさい」と、新入社員相手に言うのです。

私は、その〝社長印〟を押していて、会社ではガンガンに怒られたのですが、結局は、その印鑑屋が言ったとおり独立しました（笑）。

「自己イメージ」や考え方を変える〝ウィル・パワー〟

この場合は、印鑑で「自分の将来イメージ」を変えようとしているわけですが、自己催眠をかけたのか、かけられたのかは定《さだ》かではありません。

ちなみに、その後、私が法名《ほうみょう》（大川隆法）になってから、もう一度同じところで印鑑をつくり替《か》えたことがありました。そのときには、最初につくったときから十数年たっていたと思います。

ところが、私の姓名《せいめい》は変わっていたものの、生年月日を言って、「虎目でつくってください」とお願いすると、その印鑑屋は、「その生年月日で、私が虎目の宝石で印鑑をつくった人は一人しかいない」と言ったのです。それを聞いて、「ああ、あのとき騙されたわけではないんだな」ということが分かりました。「たった一人しかいない」ということを、きちんと覚えていたのです。

そこで、「実は、名前が変わり、今は、こういう名前で仕事をしています」と言うと、それで話が通じました。

ちなみに、彼は、「印鑑をつくった人が、その後どうなったのか」を、ときどき調査しているのだそうです。

その当時は、中曽根康弘《なかそねやすひろ》さんが総理を辞めたあとだったと思うのですが、「中曽根さんが、『印鑑をつくってくれ』と言ってきたんだけど、『あなたには近いうちに、どえらいことが起きるから、あなたの印鑑はつくりたくない』と、断った」と言っていました。

そのあと、中曽根さんはリクルート事件で引っ掛《か》かり、追及《ついきゅう》されたと思います。ですから、これについても「印鑑屋も嘘を言っていたわけではないのだ」ということは分かりました。

もちろん、相手がどこまで本気だったか分かりませんが、そういう意味で、私も「自己イメージ」をつくることはできたのです。「独立運があって、トップになる運命だ」と言われたら、印鑑一つでもそのように自分を変えることができるわけです。

ただ、それが印鑑ではなく、ネクタイやブローチ、服、髪型《かみ》など、何

●リクルート事件　1988年に発覚した贈収賄事件。値上がり確実であったリクルート子会社の未公開株の譲渡が賄賂とみなされ、リクルート社関係者や政治家、官僚らが逮捕される大スキャンダルとなった。

であろうと本当は構わないのでしょう。何かで自己イメージを変えることはできるし、アクセントを付けて自分の考え方を変えるなど、〝ウィル・パワー〟（意志の力）によって、人生が変わることはあるだろうと思うのです。

たいていの人は〝世界の恋人《こいびと》〟になる必要はない

したがって、「自分がもてないから、整形を受けたい」と思っている人は、毎日、「自分はもてる、もてる、もてる、もてる」というイメージを持つのが大事だと思います。そのように思っていると、不思議とそう見えてくるものなのです。

また、必要なことは、「たいていの人の場合、全人類にもてる必要はない」という考えでしょう。全人類にもてる必要はなくて、特定の人にもてればよいわけです。それで満足ではないでしょうか。

少なくとも、家族や同僚《どうりょう》、あるいは、自分の好きな人など、一部の人にもてればそれで十分であり、一般《いっぱん》の人には、全人類にもてて〝世界の恋人《こいびと》〟になる必要などありません。そこまで男女とも美しくなる必要はまったくないのです。もし、〝世界の恋人〟になったら、逆の意味で結《けっ》婚《こん》もできないでしょう。本当に大変なことになります。

いずれにせよ、自分は特定の人に愛されればよいわけですから、「自分の持ち味」をできるだけ出していけばよいのです。それで相手に好感を持たれたり、美しいと感じてもらえたりするかどうかは分かりませんが、そういうところに自分を持っていくことが大事だと思います。

確かに、私も、ときどき整形が必要ではないかと思うこともあるのです（会場笑）。

私の場合、〝世界の恋人〟である必要はありませんが、全人類に好かれたほうがよい職業であることは間違いないでしょう。人種によって、

「ああいう顔は嫌《きら》いだ」と言われたら、そこには伝道ができなくなります。あるいは、「不快感を感じる」などと言われると、そうなりますので、「変えたほうがいいのかもしれない」とは思いつつも、〝微調整《びちょうせい》の段階〟で諦《あきら》めているのです。

父・善川三朗名誉顧問《よしかわさぶろうめいよこもん》からの〝厳しい意見〟

ちなみに、私が幸福の科学の仕事を始めたときに父は健在で、「善川《よしかわ》三朗《さぶろう》」という名前で仕事をしていたのですが、私に対して、「おまえには〝三重苦《さんじゅうく》〟がある」と言っていました。親の意見はなかなか厳しいもので、この仕事を始めるに当たって、「おまえには、いろいろなマイナス点が多くて大変だ」というわけです。

まず一つ目は、「美男子《びだんし》ではない」ということでした。「顔が悪い。だから、もてない。人気が出ない。これは商業的には決定的な弱点だ。男前に生まれつかなかった。両親の罪もあるけれども、それは許せ。しかし、おまえが美男子ではなくて、もてないために人気が出ないということについては、運命だと思って諦めないといけない」というようなことを言われたのです。

二つ目には、「おまえは声が悪い。人前で講演する人は、声がよくなかったら駄目なんだ」ということでした。「声がものすごく悪い。この声では絶対駄目だ。だから、成功する可能性は、極《きわ》めて低い」というようなことを言っていたと思います。

そして、三つ目は、女性に関しても言えるかもしれませんし、「顔が悪い」ということに続いて同じようなことですが、「とにかく、スラッとして、スタイルがよくて身長が高くないと、世の中ではかっこいいと言われないんだ」ということでした。「これも生まれつきで、限界があるのだが、典型的、古典的な日本人のレベルまでしか届いていないので、残念ながら人前に出て人気が出ることはないだろう」というようなことを、いろいろ言われました。

「外見」は気にせずに仕事をしていた当時を振《ふ》り返る

そのように、父からマイナス点をたくさん並べられたのですが、そのとおりだったと思います。今では、二十数年前の一九九〇年ぐらいの説《せっ》法《ぽう》映像など、恥《は》ずかしくて最後まで観《み》ることはできません。最初の五分ぐらい観ただけで、畳《たたみ》を掻《か》きむしって死にたくなるほど恥ずかしいというか、自分でも「本当に無神経だったんだな」と思うぐらいのひどさです。

例えば、髪のセットは自分でしているし、休みの日に海へ泳ぎに行ったせいで顔が真っ黒になっているのに、そのまま講演に出ているわけです。真っ黒な顔に目だけがギラッと細く光っているので、「これはひどい顔をしているな」と思いました。

それにもかかわらず、当時は九州の支部がまだ足りなかったため、地《じ》元《もと》の熱心な信者が、「映画館を借り切って、この講演を上映します」と言ってきたのを、「おお、それはいいことだ。やりたまえ」などと答えていたのです。

ただ、実際に上映されたはずなのですが、「この顔が、どアップで映画館のスクリーンに映《うつ》ったか」と思うと、ゾゾーッと冷《ひ》や汗《あせ》が流れるような感じがします。

結局、何十年もたってから、これほど反省しているわけです。当時は、オフのときはオフのときで勝手なことをしていても、オンのときは切り替えているつもりでいたにもかかわらず、外見は特に変わっていなかったということです。

しかも、そのころは服装の趣味《しゅみ》も、あまりよくありませんでした。実は、服の替えは持ってはいたものの、当時の伴侶《はんりょ》の趣味により、「宗教家というのは、もててはいけない」「あまりいろいろな人に興味・関心を惹《ひ》かれるような感じであってはいけない」ということで、田舎《いなか》の学校の校長先生か教頭先生に見えるような、ダークな感じの紺《こん》色のスーツなどをワンパターンにつくって着ていたのです。

つまり、着ている服は、毎回、別の服なのですが、みな同じように見えるわけです。体型はそれほど変わっていないというのに、毎年、同じような服をつくり続けていました。すべて紺色の同じようなもののため、何かが微妙《びみょう》に違うといえば違うのですが、その違いは映像に映《うつ》ったら分かりません。

そうしたものを延々と着続けていたので、「もとが悪い上に、外側はずっと一緒《いっしょ》」という感じでした。たまにネクタイが替わっていましたが、その程度で講演会をしていたわけです。ただ、気にしていないときには分からないものかもしれません。

「実力勝負《しょうぶ》」という考え方は一貫《いっかん》していた

ともかく、〝親の予言〟もあり、環境《かんきょう》もそういうものでしたが、それでも教団は順調に発展し続けました。

不思議なもので、外見にこだわらなくても、参加者は、最初の八十七人から、次は四百人、九百人、千数百人、二千人、三千人、五千人、八千五百人、一万人、一万二千人、一万四千人、一万六千人、一万八千人、五万人……と、どんどんどんどん増えていったのです。ただ、外見は全然、風采《ふうさい》の上がらない状態ではありました。

なお、現在では、私のメイクや散髪などをしてくれている人が職員でいます。その人のお店に行き始めたのは、確か一九九〇年か九一年ぐらいで、東京ドームか、横浜《よこはま》アリーナあたりの講演会に出るころでしたが、ようやく、「美容をして、きれいに見えるようにしたほうがいいらしい」ということに気がついたわけです。

ただし、そのときには、参加者が、すでに万の単位までいっていたので、自分の人生の主張としては、「中身で勝負《しょうぶ》」「実力勝負」という考え方が一貫《いっかん》していたのだろうと思います。

もちろん、外見に手を加えなかった分、あるいは、お金を惜《お》しんだ分、迫力《はくりょく》を出すのにエネルギーが必要であり、講演が終わったあとは、もう死んだような感じになっていました。四日ぐらい起き上がれないほどのくたびれ方で、〝脱魂状態《だっこんじょうたい》〟寸前ぐらいまで力を尽《つ》くしてやっていたのです。

やはり、外見でやらずに中身でやるということは、そういうことで、魂《たましい》の奥《おく》から〝衝撃波《しょうげきは》〟を送らなくてはいけません。こちらも、「講演が終わったあとは、もう昇天《しょうてん》してもよい」というぐらいの覚悟《かくご》でやっているのですが、それが伝わるために、来る人が増えていったのでしょう。

もちろん、今は寄る年波《としなみ》には勝てず、外見に少し手を入れなければいけないので、服を替えたり、おしゃれをしたりするようにもなっていますが、「細く長くやることが、教団の安定につながる」と見て、そのようにしているところもあるのです。

同じような外見でも「心の姿」によって違《ちが》って見える

そういう意味では、必ずしも外見がよいから人気が出るとは限らないでしょうし、内容に「強い意志の力」や「思いの力」、「誠の力」があれば、人は外見だけでは見ないところもあるわけです。

ただ、長く続けていこうとしたら、「嗜《たしな》み」はそれなりに工夫《くふう》し、同業の人たちが努力しているようなことは少し実践《じっせん》したほうがよいでしょう。

私も五十歳《さい》を過ぎてから、「若返った」とずいぶん言われているのですが、やっと世間《せけん》並みに努力し始めただけのことです。

ちなみに、学生時代や社員時代など、若いころには香水《こうすい》も使っていましたが、一種類だけで、それも、服をクリーニングに出さないための〝クリーニング代替《が》わり〟に使っていたような状態でした。ほとんど、「匂《にお》い消し」に使っていた香水であって、いわゆる、「おしゃれのための香水」ではなかったのです。あまり言うと嫌われるため、もう言いませんが、そういうものでありました(笑)。

いずれにせよ、外見によって人に違《ちが》うイメージを与えて評価を変えるということも大事ではありますが、本来の「自分の力」を、生かせるところまで生かして変化させていけば、十分に通用するのです。

「心の姿」は外に出てきます。たとえ、同じ親から生まれて、同じような外見であっても、「魂の力」が違えば、全然違ったように見えるということです。

「本質的なところで値打ちを持つこと」が大事

やはり、「実力のある男性」や「仕事で成功していく男性」、「出世していく男性」というのは魅力《みりょく》的だと思います。

たとえ、その人のポケットの底に穴が開《あ》いていたり、「洗濯《せんたく》されていないハンカチを、まだ使っている」と思うようなことがあったり、靴下《くつした》に穴が開いているようなことがあったりしても、やはり、仕事に成功していくほど魅力的になるものです。

そういうところを、「汚《きたな》い」「いやらしい」と言って嫌う女性もいますが、逆に、その男性に関心を持つようになると、「まあ、かわいそうに。私が行って、手を入れてあげなければいけない。服を替えてあげたり、ハンカチの洗濯をしてあげたりして、この人を、もうちょっと立派にしてあげなければいけない」などと考えるようになるわけです。

あるいは、一足の靴をずっと履《は》いていて、夏になったら、会社で「消臭剤《しょうしゅうざい》をかけてやろうか」と思うぐらい臭《にお》ってくる人もいるかと思いますが、惚《ほ》れてくると、今度は逆になって、「この人には〝彼女〟が必要で、ちゃんと靴の替えぐらいは探してあげる必要がある」などと考えたりするようになります。

このように、人間関係の態度によって、全然違うようになることはあるのです。

したがって、やはり、本質的なところで値打ちを持つことは大事であり、それ以外のところについては、社交礼儀《れいぎ》として、相手に不快感を与えず、できれば、好感を与えるような努力をしていくことがよいのではないかと思います。

「少しの弱点」が魅力《みりょく》となり、好感を呼ぶ

もし、あなた（質問者）のような方が「整形したい」と言ったら、やはり、私は、「しないほうがよい」と答えます。「もう十分に世の中に通用しているのに、それを飛び越《こ》してしまいますよ。整形したら、あとは、もはや、トップスターを狙《ねら》うぐらいしか道はありませんから、そんなにならなくて結構です。〝世界の恋人〟になったら、仕事ができなくなりますよ。だから、それは抑《おさ》えたほうがよいですよ」と言うでしょうね。

また、もしかしたら、職場環境が悪くなる可能性もあるわけです。「何で、こんな人が、こんなところにいなければいけないんだ?」と言われたら、そこにはいづらくなるかもしれません。ですから、少し〝消し込み〟が必要な方が整形に走るなどというのは、もってのほかでしょう。

美しすぎる方は、むしろ、それを抑えることが大事であり、人間関係が長続きする秘訣《ひけつ》であって、美人すぎる場合には、逆に嫌われることがあるのです。同性から嫌われても、異性からは好かれる場合もありますが、悪口を言われたり、「どうせ高嶺《たかね》の花だろう」と思って敬遠《けいえん》されたりして、本心を明かしてくれないような関係になることも多いのです。

そこで、美人すぎる女性の場合は、わざと、ちょっとドジなところをつくるなどして、何か隙《すき》をつくることが、男性を引き込むコツであり、同性からも好感を持ってもらえるコツにもなるので、少しだけ弱点を見せることです。チラッチラッと服の裏側を見せるように、弱点をチラッと見せることが、人間関係を良好に保ちながら、評判を上げていくコツではあるわけです。

やはり、隙のない男性も、隙のない女性も、ある意味で、〝完璧《かんぺき》ではない〟のです。完全無敵で、完全武装しているのが「本当の完璧」と思いがちですが、そうではありません。「本当の完成した美」というのは、少し欠けているものがあるのです。

これは、利休《りきゅう》のお茶とも似ていますが、茶碗《ちゃわん》とかが少し欠けているとか、ヒビが入《はい》っているとか、こんなものに味わいがあって、ピシッと出来上がっているものには、それほどの「究極《きゅうきょく》の美」はありません。

それと同じく、人間も、「あの人は、ここがもう少し直れば完璧だと思うのに、ちょっと弱点だな」というところが、実は魅力《みりょく》なのです。

これは、先の人間関係についての質問にも関係があるかとも思いますし、今、外見の美形についての質問が出ましたけれども、「能力的なもので調和がはかれるかどうか」というようなことで悩む方もいると思います。

ただ、あまりに秀才《しゅうさい》すぎる場合には、適度に抜《ぬ》けているところがあるほうが、また、かわいげがあってよろしいところがあり、「まったく抜けがない。すべてにおいて完璧」などという人は、あまり愛されません。なぜなら、人間はコンピュータではないからです。

もちろん、これは、仕事でミスをすることを勧めているわけではありませんし、大事なところではミスをしないことが信用のもとではありますけれども、「いろいろなところで、ちょっと抜けたり、ミスをしたり、忘れたりするようなところがある人のほうがかわいげがあるので、愛されることが多い」ということは知っておいたほうがよいでしょう。

完璧を目指したいところではありますが、女性であっても、完璧な美人というのは、冷たくて、近寄れないところが多いので、少しだけ隙を開けておかないと、永遠に〝アリさん〟が寄りつかないこともありえます。したがって、そのへんについては、適度な変化を楽しませる必要はあると思うのです。

「あ、この人には、こんな欠点があったのか」というようなところで、ホッとすることがあるので、そういうところを見せたほうがよいかと思います。「まったく欠点のない人には、人は、そんなに惹《ひ》かれない」ということも、知っておいたほうがよいでしょう。

要するに、「それだけの心の余裕《よゆう》がある。あるいは、マイナスが入っても合格点が取れるだけ、実力に余裕がある」ということです。「いっぱいいっぱいやらないと合格点が取れない」というのは、やはり、問題があるのではないでしょうか。

「長く付き合っているうちに〝味〟が出てくる人」が好ましい

慰《なぐさ》めになるかもしれませんが、みんなが、「鼻が高くて、目が大きくパッチリ開《ひら》いて、歯並びがよくて」という感じで、似たような顔につくられていくのも、ちょっと考えものです。

天は、いろいろな形を好んでつくっているわけですから、そのなかで、自分の「生き筋《すじ》」を見つけることが大事であり、生き筋さえキチッと押さえることができれば、何をしていてもうまくいくわけです。

私自身、幸福の科学を始めるときには、「こんなことに向いていない」とも言われたり、「幸福の科学」という教団名《めい》をつくったときも、「こんな名前は絶対に流行《はや》らない。人など集まらない」と言われ続けたりと、いつも、いろいろな悪口を言われています。

ただ、そういうものを乗り越えていかなければいけないのです。そして、それらを乗り越えて、評価されるようになってきたら、人の評価はコロッと変わります。

そのため、「初動期に、人があまり評価してくれない」とか、「初見《しょけん》で評価してくれない」とかいったことについては、私は、あまり気にしないことにしています。やはり、ずっと長く続いていくと、次第《しだい》しだいに評価が上がっていくようなものが本物だと思うのです。

それは、人間関係でもそうでしょう。男性間の友情でも、男女間の友情でも、噛《か》めば噛むほど味が出るスルメではないけれども、長く付き合っていくうちに、だんだんよくなってくる関係、〝味〟が出てくる関係が、やはり、好ましいのではないかと思っていますので、そういう人間でありたいものです。

「瞬間《しゅんかん》的に何かが変わって、すべてがよく見える」というのもあるかもしれませんが、だんだんに〝味〟が出てくる感じの人がよいかと思います。「最初は、あまりきれいだと思わなかったのに、話をしていると、だんだんいい感じが出てくる」という、「話美人」「性格美人」ということだってあるわけです。

このような話は、あなた（質問者）のような人には通用しないかもしれませんが、あなた以外の人には、十分に通用すると思いますので、世間の〝衆生救済《しゅじょうきゅうさい》〟を兼《か》ねて、このような話をしておきたいと思います。

「強み」を発揮して「弱点」が隠《かく》れたJ・F・ケネディ

ですから、完璧は求めないでください。少し隙があるぐらいのほうが魅力があるのであり、弱点だと言われたようなことが、弱点でなくなることもあるのです。

どこかで一点突破《とっぱ》して、圧倒的に「強み」を発揮した場合には、その「弱点」が隠《かく》れてしまうところもあります。どこかから〝強い光〟がほとばしり出た場合には、ほかの弱点など、全部すっ飛んでしまうわけです。

例えば、アメリカで、「かっこいい大統領」といえば、ケネディなどがすぐに思い浮《う》かびますが、ケネディは、イングランド系のプロテスタントではなく、アイルランド系のカトリックであり、実は、アメリカでは、マイノリティー（少数派）です。

また、ハーバード大学に入ってはいますけれども、学校の成績がよくてハーバードに入れたわけでもありません。学校の成績はいまひとつだったのですが、彼には、クラブ活動などでチームをまとめたり、校内をまとめたりするようなところで非常に力があったため、面接したハーバードのOBが「学力はもう少しだけれども、人間的に魅力がある」と推《お》してくれたこともあって、ハーバードに入れたわけです。そのように、学力で入れたかどうかは怪しいものの、ハーバードに入学することができたのです。

彼は、右脚《あし》と左脚の長さが少し違っていたため、実は足を引きずっていたこともあったはずですが、そんなことに気がついた人は、おそらく、ほとんどいないでしょう。やはり、今でも、スタイリッシュでかっこよく、若々しい大統領のイメージがあります。

ところが、実際は、そういう欠点を持っていて、本当は、頭もそれほどよかったわけでもなく、スポーツ選手のように見える一方で、実は脚の長さの問題もあったわけです。

女優・菅野美穂《かんのみほ》の「魅せる技術」ではありませんが、ケネディも、そういうものをきちんと持っていて、「人からどう見られるか」ということを十分に研究して、活動していたのでしょう(『魅せる技術――女優・菅野美穂 守護霊メッセージ――』〔幸福の科学出版刊〕参照)。

そういう意味で、「人は、自分の欠点を努力によってカバーすることもできるのだ」ということを勉強したほうがよいですし、「何かほかの欠点がたくさんあっても、一点突破で、すごい光が出てくれれば、ほかのものが隠れてしまうほど眩《まばゆ》くなることもあるのだ」ということです。

俳優も「人気」や「役柄《やくがら》」が外見で決まるわけではない

韓国ドラマの「冬のソナタ」が流行《はや》っていたころには、私も、通しで三回も観《み》て、「ペ・ヨンジュンはかっこいいなあ。宗教界でこのくらいかっこよければ、世界のアイドルになって、さぞかし伝道が進むだろうなあ」と思いました（笑）。

当時、教祖殿《きょうそでん》・大悟館《たいごかん》の近所にまで、ペ・ヨンジュンがプロデュースした韓国料理の店ができ、彼の店の近くにはファンクラブのための集《つど》いの場所までできたりして、あれだけ、おばさまたちが集まってキャアキャア言っていたのに、気がついたら、店は潰《つぶ》れてなくなっていました。人気は、出るときには出るけれども、去るときにはこんなものなのでしょう。

この地からペ・ヨンジュンの店は去っていきましたが、私はまだ居座《いすわ》って仕事をしています。外見だけで決まるものではなく、そういう人でも人気が去ることはあるということです。

特に、容色《ようしょく》で勝負している人の場合は、年を取れば、だんだん、恋愛《れんあい》ものなどができなくなっていきます。

むしろ、私などが、「テレビや映画に出演して、恋愛ものをやれ」と言われれば、今でもできないこともありません。確か、田村正和《たむらまさかず》は、六十歳のときにドラマ「新ニューヨーク恋物語」に出て、「年の差恋愛」を演じていたような気がしますので、「あのくらいは、私だってできないことはないんだ」という気持ちはあります。ただ、「まだまだやれますよ」などと言うと、当会の映画班から声がかかるといけないので、まあ、言いすぎないようにはしますけれども（笑）。

このように、「人間、外見の容貌《ようぼう》ではなく、演技力や人柄《ひとがら》で、そういう役柄ができる場合もある」ということも知っておいたほうがよいと思います。

つまり、よくなったら、何でもよくなるのです。

昨年（二〇一四年）、亡《な》くなった高倉健《たかくらけん》さんなども、評価が高まってしまえば、「無口で無骨《ぶこつ》な男」というのが、かっこいい男の代名詞にもなりましたが、普通だったら、「無口で無骨な男」というのは、俳優にはまったく向いていないでしょう。

そういう人は向いているはずがなく、「台詞《せりふ》もろくに話せないのか」「演技もできないのか」と言われたり、「サービス精神のない男だな」と言われたりするわけですが、国際的に人気が出たら、みんな黙ってしまうのです。それだけのことです。

そのようなわけで、やはり、「本業を大事にして成功していく」ことが、いろいろなものをカバーして、人生を推進していくことになるのではないかと、私は思います。

Point

- □ 心が変われば、外見も変わってくる面がある。
- □ 持ち物や服装・髪型などでアクセントを付けて、自己イメージを変えたり、〝ウィル・パワー〟（意志の力）で、人生が変わることはある。
- □ 〝世界の恋人〟になる必要はないので、自分の持ち味を出していければよい。
- □ 仕事で成功するには、実力や本質的なところで値打ちを持つことが大事。それ以外は社交礼儀として努力していけばよい。
- □ 隙のない完璧な美人よりも、弱点やミスがチラッと見えるほうが魅力的で愛されることが多い。
- □ 欠点がたくさんあっても、一点突破で光が出てくれば、ほかのものが隠れてしまうこともある。

Chapter 4

親子の葛藤《かっとう》を越《こ》えて、家庭で信仰《しんこう》を継承《けいしょう》していくために

Q4 子供が親の信仰《しんこう》をあまり理解してくれません

「家庭における信仰《しんこう》の継承《けいしょう》の問題」について、お伺《うかが》いします。

親が信仰を持ち、熱心に活動をしていても、子供のほうにはなかなか十分に伝わり切れていないケースが見受けられます。

これは、「家庭内での伝道、信仰の継承がうまくいっていない」ということだと思うのですが、真理家庭を築き、信仰を継承していく上で大切なことについて、アドバイスをお願いします。

宗教活動が「親業《おやぎょう》の手抜《てぬ》き」と見えることがある

それは、よくある問題だろうと思います。

「人生、百点満点」と満足していながら、信仰に目覚めて宗教活動に没頭《ぼっとう》する方は、比較的稀《ひかくてきまれ》でしょう。たいてい、そうではなく、何らかの行き詰《づ》まりや、自分が今までやってきた勉強や経験では解決できないものを感じて、信仰に至るケースが多いのです。

つまり、人生経験を経《へ》て、親の年代になるころには、悩《なや》みが増えてくるため、それを打ち明けたり、相談したり、祈願《きがん》したりする対象が欲《ほ》しくなってくるわけです。

ところが、子供のほうは、当然、全部が見えているわけではありませんので、親が悩みを抱《かか》えて、解決のために勉強をしたり、人に相談したり、祈願したり、瞑想《めいそう》したりするような時間を取ろうとしていることが、どちらかといえば、自分、あるいは自分たちに対する「親業《おやぎょう》の手抜《てぬ》き」と見えることが多いわけです。

例えば、「お母さんは、一日、反省をしに行きたいから、自分のことは自分でやっておいてね」と言われた場合、子供は、「はい。分かりました」と言いたくはなるのですが、実際、一日、置いていかれると寂《さみ》しいですし、自分でやらなければいけないことが多いので、〝プチ子捨て〟をされたような気がするわけです。父親でも、同じことだと思います。

あるいは、当会では、「主を愛する」という言葉も出回っていて、母親だけならまだしも、父親も、「主を愛している」と言うようなこともあります（笑）。少し変な感じですけれども、そういうことを言われると、本来、家族のなかに循環《じゅんかん》すべきというか、満たすべきガソリンのような「愛の部分」が、外に漏《も》れていっているような感じを受けるのではないでしょうか。

子供は、やがて自分も親と同じような年齢《ねんれい》になったり、同じような経験や問題にぶつかったりして、ある日、信仰について分かるときも来るのですが、すれ違《ちが》って違う方向に進んでいった場合は、永遠に分からないままであるケースもあります。

子供もいろいろな悩《なや》みを持ち、救われたいと思っている

全体的に見るかぎり、親として自分が考えている信仰のベースを子供に教えていく場合、大人になる前に始めたほうが、スムーズになりやすいことが多いでしょう。

いわゆる反抗《はんこう》期、特に「第二次反抗期」という思春期に入るころからの反抗期には、「自我《じが》」が非常に強くなってきますので、極端《きょくたん》な言い方

をすれば、子供としては、「自分を取るのか、〝仏像〟を取るのかを決めてくれ」というような選択《せんたく》を、親に間接的に迫《せま》っているところもあるかもしれません。あるいは、「人類救済もいいけれども、自分（子供）への救済はどうなっているんだ?」と思うところもあるかもしれません。子供は、自分も救われたいのです。

例えば、「学校で勉強ができない」「人間関係で悩《なや》んでいる」「友達とうまくいかない」「先生に怒《おこ》られる」「ボーイフレンドやガールフレンドとうまくいかない」「進路に迷いがある」「体調が悪い」「何となく疲《つか》れて朝が起きられない」「梅雨時《つゆどき》の憂鬱《ゆううつ》なときは学校をサボりたい」などということもあるでしょう。その結果、学校へ行っていると思ったら、学校へ行かずにほかのところで遊んでいて、やがて通報されるようなこともあります。

このように、子供はいろいろな悩みを持っているものです。

「信仰《しんこう》のなかに、人生の過程で勉強すべきものがある」と伝える

そういうことから考えると、「なかなか、『親の心子知らず』だなあ」と思うことは多いでしょう。ただ、そういうことがあるにしても、「信《しん》仰《こう》というものがあり、そのなかに人生の過程において勉強すべきもの、自分が参考にすべきものがあるのだ」と伝えておくことは大事です。

いずれ彼らが、親に相談できなくなるときが来るはずなのです。親に相談しても答えが返ってこなくなることもありますし、親が年を取ったり、病気になったり、死んだりすることもあるので、相談しようがない場合もあります。

また、小さいときには「偉《えら》い」と思っていた親が、大人になってみた

ら、そんなに偉く見えないこともあるでしょう。

そういうときにも、自分なりの人生の課題に、答えを出さなければならないことがあるでしょう。迷いに迷って、会社の先輩《せんぱい》や上司、同僚《どうりょう》、あるいは妻や夫など、いろいろな人に相談しても答えが出ないようなときに、「そういえば、こういうときには、お父さんは、このようにしていたな。お母さんは、このようにしていたな」などと思い出すことがあるわけです。

すでに両親はあの世から見ているかもしれませんが、「ずいぶんご無沙汰《ぶさた》していたけれども、総本山《そうほんざん》の精舎《しょうじゃ》に行ってみようか」「支部に行って訊《き》いてみようか」「『法友《ほうゆう》』というものをつくってみようか」などと考えるときも来ると思います。

ですから、信仰においては焦《あせ》ってはいけないですし、「時間的に見て、即座《そくざ》に効果が出るようなインスタントなものでなければいけない」とい

うように考えてはならないでしょう。「地下水脈のようにつながってい
て、どこかでまた噴《ふ》き出してくることもある」ということは知っておい
たほうがいいのです。

子供に「なぜ、熱烈《ねつれつ》に信仰《しんこう》しているのか」を説明する

もちろん、親が熱心に信仰《しんこう》活動をすればするほど、家族のなかには、
祖父や祖母、きょうだい、子供もいるので、悪口を言われることもあり
ますし、親業や家庭内業務、あるいは会社の業務等においてマイナスが
出ているように見えることもあるでしょう。ほかの人の目には、それは
確かなことなので、人が批判をしたり、悪口を言ったりすることが、全
部、間違っているとは必ずしも言えません。

ただ、それを承知《しょうち》の上で、「信仰は自分の人生にとって必要だ」とい
う信念を持ってやっている以上、その「欠けた部分」を上手に橋渡《はしわた》しす

るものや、補完するものがないかどうかを考える必要があると思います。

そして、親としての自分の言葉で、「自分がなぜ、そこまで一生懸命《いっしょうけんめい》になっているのか。のめり込《こ》んでいるのか。熱烈《ねつれつ》に信仰しているのか」ということを、子供の年齢相応、あるいは、置かれた立場相応の分かりやすい言葉で説明しなければいけないでしょう。

そうしたことは、子供でなくてもあると思います。

例えば、夫婦《ふうふ》の問題でも、「妻が夜、支部に出かけていて、いつもいない」ということで、家のなかで父親と子供が、「お母さんは、また出かけていったなあ」と言っているようであれば、信仰活動ではなく、どこかへ遊びにいったように見えることもあるでしょう。

そういうことは出てくると思いますが、人間として、ある程度、人の気持ちが分かるのなら、「何らかのかたちで自分なりの努力をして伝えよう。説明しよう」という気持ちがあってもいいと思います。

信仰行為《しんこうこうい》に引け目を感じないこと

ただ、気をつけなければいけないことは、引け目を感じながら信仰行《しんこうこう》為《い》をし続ける場合です。人間には悪い癖《くせ》があり、「引け目を感じている」「後《うし》ろめたいと思っている」という人に対しては、「それ見たことか」と付け込んでくるというか、さらに踏《ふ》み込んでくるような場合もあるのです。他人と言わず、身内でもそういうことはあります。

また、信仰を、何かの〝はけ口〟に使われることがあります。何かうまくいっていないことの〝はけ口〟として、逆に信仰を利用されることもあるのです。

例えば、「信仰のお陰《かげ》でよくなった」ということもあるけれども、何か悪いことがあったら、「信仰の〝お陰〟でこうなった」と言われる場合もあります。このように、両方に使われることがあるわけです。

そういう意味で、いろいろなことがあると思います。

親も子も、独立した人格として人生修行《しゅぎょう》を持っている

もちろん、親子は一体の面もありますが、「親も子も、独立した人格として自分の人生修行《しゅぎょう》を持っている」ということは知ってもらう必要がありますし、「子供にも、いずれ自立・独立のときが来るのだ」ということも知らなければいけません。

その自立・独立のときに、いわゆる「空《から》の巣《す》症候群《しょうこうぐん》」といって、「家のなかが空っぽになり、もう自分の生き甲斐《がい》はなくなった」と思うような親も多いわけです。

子供にかけていたエネルギーが百パーセントであれば、かける対象がいなくなったときに、人生の生き甲斐がゼロになる場合も当然ありますから、親は親として何らかの人生の価値観の追究というか、自分の修行

目標、学習目標のようなものはあっていいと思うのです。

それを子供は揺《ゆ》さぶりますが、揺さぶられても揺れないで残るものがあるわけです。「祖谷《いや》のかずら橋」ではありませんが、「ユラユラと揺れるけれども、切れはしないで向こう側に渡っていける」ということが分かれば、それを許容するところもあると思いますし、それだけの理解力や自制心を、子供に教えるチャンスでもあるでしょう。

親の仕事には「人生の厳しさ」を教える面がある

こうしたことは、別のかたちで出てくることがありますし、信仰だけの問題ではないと思います。

例えば、仕事の問題でも同じことが起きるはずです。親の仕事について言うなら、子供からすれば、いつも家にいて、自分たちの世話を焼いてくれる親が、よい親に見えます。

つまり、子供のうちは、時間がたくさんあって、いつも遊んでくれる親がよく見えるけれども、大きくなってくると、「親の仕事は、どうも大きな仕事や重要な仕事ではない。実は自分の人生に挫折《ざせつ》して、仕事で自己実現ができなくなっているがゆえに、家庭や子供に時間を注《そそ》いで、『おまえたちは、自分の分まで頑張《がんば》れ』という感じでやっている」ということが、自分も親の年代になって子供を育てると分かってくることがあるでしょう。

そういうことから考えると、親は、忙《いそが》しくて子供たちに時間が取れないでいることに対して、罪悪感があるかもしれないけれども、逆に子供に対して、「親というのは、忙しく働いているものなんだよ。なかなか子供にかまけていられないんだよ」というようなことを教えることは、ある意味で、「人生の厳しさ」を教えることにもなると思うのです。

結婚《けっこん》後に「親の気持ち」が分かることもある

それから、子供が大人になって結婚《けっこん》するときに、お互《たが》いの家庭の状況《じょうきょう》にあまりにも落差《らくさ》があると、合わないようなこともあります。

例えば、親が公務員で、夕飯のときには必ず帰ってくる家庭もあれば、親の残業が多い家庭もありますし、あるいは、親の出張や単身赴任《ふにん》、駐《ちゅう》在《ざい》などが多い家庭もあるわけです。

そのため、そういうことに慣れている人と、そういう経験がない人が結婚した場合は、行き違いがあることがあります。「自分の親は必ず夕方に帰ってきたというのに、私が結婚した相手は単身赴任ばかり繰《く》り返している」「残業と称《しょう》したり、『会社に泊《と》まった』とか言ったりしているが、本当かな」などと思うこともあるわけです。

こういうすれ違いはありますが、なるべく、「いろいろな人生の姿がある」ということを教えておくことも大事です。

「子供孝行《こうこう》」という言葉があるかどうかは知りませんが、親が子供をそんなに大事にしないで自分の仕事に熱中していると、子供からすれば、仕事にかまけて子育てを放棄《ほうき》したと見えるかもしれません。ただ、そういう親であっても、自分がそういう相手と結婚した場合、あるいは自分自身も仕事が忙しい環境下に入った場合、理解ができ、むしろ子供に手をかけられなかった親の気持ちが分かることもあります。

ですから、子供にとって都合《つごう》のいい親が、必ずしも自分の目標とすべきものであるかどうかは分からないと思います。

「日本人の働いている父親」の厳しい状況《じょうきょう》

ある種の統計によれば、日本人の働いている父親が息子《むすこ》と遊んであげられる時間は、一日平均五分《ふん》であり、母親のほうは、三十分や四十分はあるそうです。「五分」と聞くと、私も、「ゾクッとくる数字だな。世の中のお父さんはかなり厳しいんだな」と思うことはあります。

私の父親は、人生の半分ぐらいは県庁などに勤めていました。役所系の仕事だったので、五時になったら仕事が終わり、六時ごろには帰ってくるわけです。そのため、「それが当たり前だ」とずっと思っていました。

私は、そういうところで育ったので、どうも時間どおりに動く傾向《けいこう》があり、それがなかなか抜けないのですが、私の子供のほうは、「世の中は、そういう場合ばかりではないらしい」ということがだんだん分かってきて、イレギュラーな動きをする子も出てきました。

このように、よその親はそうではない場合もあるわけです。「酒を飲んで帰らない」とか、「突然《とつぜん》、泊まって帰ってこない」とか、「出張している」とかいうことも多いのですが、子供にとってはなかなか理解ができないところがあります。

ただ、人生には、いろいろなパターンがありますので、「うちのパターンとしてはこうなんだ」と教えることです。

信仰《しんこう》に導くことはできても、悟《さと》りの道までは連れていけない

子供を、幸福の科学の支部や精舎、講演会などに連れていくようなチャンスがあれば、一緒《いっしょ》に連れていって、ある程度見せておき、「ああ、こういうことをしているんだ」という概要《がいよう》を理解させてあげることも大事です。

あるいは、本やCD、DVDなど、いろいろな教材がありますので、そういうものを勉強しているところを家でも垣間《かいま》見せることによって、「ああ、だいたい、こんなことをしているんだな」「なるほど。自分だけ

ではなくて、お父さんの学校もあるのね」「お母さんの学校もあるのね」ということを理解させて、「やはり、大人になっても勉強を続けているのは、それなりに立派なことだ」ということを知らせることは大事です。

大人になると勉強をやめてしまう人はたくさんいます。勉強をやめてしまい、会社の同僚といったムラ社会で付き合うようなことだけが〝仕事〟というか、「仕事プラス〝クラブ活動〟」のような感じになっている人も数多くいます。そのようなながで、真理の書籍《しょせき》を読んだり、研修に出たり、講演を聴《き》いたりしようとする人は、やはり、向上心がある人ですから、子供も何らかの感化は受けるはずです。

やはり、何をするにしても、「メリットだけがあってデメリットがない」ということは、ほとんどありません。

スポーツをしても、一生懸命に走り込んだ翌日は、体が痛くて仕事にならないし、寝込《ねこ》みたくなるし、本当に寝込む場合もあります。そういうもので体は強くなるのでしょうけれども、そう簡単に、気分よくマラソンができるようになるわけではありません。

それと同じようなもので、親がそれに値打ち感を感じていることと、何をしているのかということを、ある程度、子供に理解できるように伝えることが大事です。

ただ、そのあと、信仰《しんこう》が同じように子孫《しそん》にずっとつながっていったり、より熱心になったりするかどうかは分かりません。やはり個人に差がありますし、魂《たましい》的にも違いはあります。複数の子供がいた場合にも、おそらく、それぞれの魂に違いはあるでしょう。そのため、そういう人生に惹《ひ》かれる場合もあれば、惹かれない場合もあると思います。

したがって、まだ一人前でないうちに、ある程度、信仰の導きをしておくことは大事だと思いますが、大人になってから、それをいつまでも続けられるかどうかについては、やはり人それぞれです。

その子が「自分の家庭は不幸だった」と考える場合には、離《はな》れていくこともあるでしょうし、「不幸だったけれども、信仰のお陰で家族が何とかまとまっていた。持ちこたえた」と思うのであれば、それを乗り越《こ》えて、親の背中を見てついていこうとすることもあるでしょうから、それは人それぞれだと思います。

すなわち、導くことはできたとしても、最終的に、必ず悟《さと》りの道まで連れていくことは、やはり不可能だと思うのです。

英語の諺《ことわざ》で言うとおり、「馬を水場まで連れていくことはできても、水を飲ませることはできない（“You《ユー》 can《キャン》 lead《リード》 a《ア》 horse《ホース》 to《トゥ》 water《ウォーター》, but《バット》 you《ユー》 can't《キャント》 make《メイク》 it《イット》 drink《ドリンク》.”）」ということです。

水を飲むのは、やはり馬自身であって、無理やり飲ませようとしても、首を横に振《ふ》ったら絶対に飲みませんので、それはしかたがないことです。

子馬のうちは無理やり飲ませることもできるかもしれませんが、大きくなると難しくなると思います。
人生というのはそのようなものですので、ある意味で、そうした割り切りをしたほうがいいでしょう。

自分の時間を取れる社会が到来《とうらい》している

ただ、これからの時代を考えると、やはり少子化の時代でもありますし、結婚しない人もどんどん増えています。「それは、経済的な意味において、たいへんな社会問題だ」という見方もあるのですけれども、原始仏教などを勉強すると、ある意味では、仏陀《ぶっだ》は、「そのような社会のほうがいい」と言っていたように聞こえる面もかなりあります。

要するに、「自分の時間を取れる社会が来ようとしている」ということです。仏教では、「『一生学生』、『一生勉強』、『一生修行《しゅぎょう》』というような人生が理想だ」というようなことを言っているわけです。

そういう意味で、社会における自己の負担部分が減るということは、ある意味では、自己を参究し、探究する時間が増えるということでもありますので、それも一つのスタイルなのではないかと思います。

信仰《しんこう》の継承《けいしょう》は、必ずしも親の思いどおりにいくとは限らない

私などは、どちらかといえば、両親の人生のすべてをかけていただいたような気持ちがあるほうなので、それをよいほうに取りました。そのようには取らない人もいるでしょうが、私は両親に、たくさんの時間をかけていただきました。そのお返しが十分にできなかったので、「世の中に返していこう」という気持ちになったのです。

ただ、これは、人によっていろいろだと思います。例えば、奪《うば》ってい

くタイプの子供の場合は、幾《いく》らでも、愛情なり時間なりを欲するでしょうし、それだけのものを与《あた》えたら、与えなかった子よりよくなるかと言えば、必ずしもそうはならないところが、人生の不思議なところです。

子供が何人かいる場合、「この子はかわいい」ということで、きょうだいのなかでも特別に時間をかけ、手塩にかけて育てたつもりの子が駄《だ》目《め》になっていき、手を抜いた子が意外によくなるといったことは、世《せ》間《けん》でもよく言われることです。そういうこともあって、「自分で経営者になって仕事を起こすのは、次男タイプが多い」と、よく言われています。

親としては長男に跡《あと》を継《つ》いでほしくて、時間を割《さ》き、力を注いで教育をし、人生訓を教え、道を間違わないようにと一生懸命にする一方で、次男のほうには、「次男は、まあ、いいか。都会へ出て、適当にどこかで仕事を見つけて、好きな人と自由恋愛《れんあい》でもして、結婚したらいいや」と、自由にさせます。

そのように、長男には、「跡を継いでもらわなければいけないから」ということで手をかけて、次男には手を抜くことが多いわけです。

しかし、意外に、事業に成功するのは次男のほうなのです。実は、親が手をかけずに、何もしていない次男のほうが、自ら手探《てさぐ》りで自由に道を拓《ひら》いていって、事業に成功し、親孝行になって、手をかけた長男のほうが親不孝者になるというのは、よくあるパターンです。このような〝人生の逆説〟は、いくらでもあります。

したがって、「何かをしたから、必ずこうなる」ということは、大きな目、神仏の目からは、「縁起《えんぎ》の理法《りほう》」どおりなのでしょうけれども、個人の家庭のなかにいる自分、「父親・母親」という目で見たら、むしろ思うようにならないことのほうが多いのではないかと思います。

つまり、人間的に見て、「最低限、この程度はするべきだ」と思うことはしておいたほうがよいのですが、信仰《しんこう》の継承《けいしょう》においては、「自分と同じか、それ以上の信仰者になってほしい」と願っても、やはり、そうなる人とならない人は出てくるわけです。

ただ、立場上は、親が最初に信仰に辿《たど》り着いたときよりも、小さいころから真理に近づいていたことになる分、〝距離《きょり》〟は近いので、チャンスとしては大きいだろうと思います。

どのような結果になっても、「各人の問題」とする諦《あきら》めも必要

それでも、「信仰を必要としない」というような人も出てくるでしょう。

そのなかには、例えば、信仰を必要としないような学問領域や職業に熱中して成功する人もいれば、人生の挫折が数多く起きて、神を恨《うら》み、

仏を恨むような心になる人も出てくるだろうと思います。あるいは、肉親の死や事故等の不運を見て、信仰から離れていく人もいるかもしれません。

そういう人はそういう人なので、しかたがないところはあります。ただ、そういう人には、どこかで「回心《かいしん》」という場が与えられないと戻《もど》ってこないかもしれないので、親として、自分の力がこれ以上出せないような状況《じょうきょう》の場合には、心密《こころひそ》かに祈《いの》るしかないでしょう。

どこの親も、たとえ自分の子供が離れていたとしても、健康や成功は祈っているものだと思いますので、それが届くことを願うしかないと思います。

まず、悩みとして大きく捉《とら》えるのではなく、「人生の諸相《しょそう》・実相《じっそう》として、いろいろなことがありえるのだ」と知っていること、「最低限、伝えるべきことは伝えること」、「最後に、それがどのように実るか、花開くか」

という問題が各人に残ることについては、ある程度の諦《あきら》めが要《い》ると考えなければいけないでしょう。

Point

- □ 信仰においては焦ってはいけない。
「地下水脈のように、どこかで噴き出してくる」ということがある。
- □ 「なぜ、熱烈に信仰しているのか」について、
相手に分かりやすい言葉で、自分なりの努力をして伝えることが大事。
- □ 引け目を感じながら信仰行為をしていると、うまくいかないことの
「はけ口」として、身内などに逆利用されてしまうので、気をつける。
- □ 最終的に熱心な信仰者になるかどうかには、個人差がある。
- □ 家庭における子育てには、〝人生の逆説〟はいくらでもある。
- □ 親の力が届かなければ、心密かに祈るしかない。
伝えるべきことは伝えつつも、
人生の諸相を知った上で、ある程度の諦めも要る。

あとがき

「わが人生に悔《く》いはあるか。」と問われたら、「わが人生に悔いなし。」と私は即座《そくざ》に答えるだろう。失敗や挫折《ざせつ》がなかったわけではない。すべての条件が備《そな》わっていたわけではない。郷里《きょうり》の母の言葉によれば、「二十歳《はたち》までは普通《ふつう》の人間だったのに」とのことである。その「普通の人間」が、普通ではない人生課題を背負って、長い長い山道を歩んで来たように思う。ただ、平凡ではあるが、人生の時間を一個一個、宝物でも磨《みが》き上げるように積み上げてきた。

人生の途上で批判者や敵が出て来た時には、むしろやるべきことが明確で有難かった。苦しみや悩みの多くは、人間関係の調整にあったかもしれない。釈尊《しゃくそん》の語った、「愛別離苦《あいべつりく》」「怨憎会苦《おんぞうえく》」、「諸行無常《しょぎょうむじょう》」を様々に体験してきた。解決されない問題はない、とは言わない。しかし「解決の出口」は必ずある。本書が「幸福を選択する4つのヒント」になれば幸いである。

二〇一五年　四月二十五日

幸福《こうふく》の科学《かがく》グループ創始者兼総裁《そうししゃけんそうさい》　大川隆法《おおかわりゅうほう》

『人生の迷いに対処する法』大川隆法著作関連書籍

『智慧の法』（幸福の科学出版刊）
『未来の法』（同右）
『希望の法』（同右）
『恋愛学・恋愛失敗学入門』（同右）
『じょうずな個性の伸ばし方』（同右）
『サバイバルする社員の条件』（同右）
『魅せる技術――女優・菅野美穂 守護霊メッセージ――』（同右）
『人生に勝つための方程式』（同右）
『アイム・ハッピー』（同右）

人生《じんせい》の迷《まよ》いに対処《たいしょ》する法《ほう》

――幸福を選択する４つのヒント――

2015年５月２日　初版第１刷

著　者　　大《おお》　川《かわ》　隆《りゅう》　法《ほう》

発行所　　幸福の科学出版株式会社

〒107-0052 東京都港区赤坂２丁目10番14号
TEL(03)5573-7700
http://www.irhpress.co.jp/

印刷・製本　株式会社 堀内印刷所

落丁・乱丁本はおとりかえいたします

ISBN978-4-86395-671-1 C0030

大川隆法ベストセラーズ・幸福になるための悩み解決法

人生に勝つための方程式

逆境や苦難をプラスに転じる秘訣

人生は、死後に必ず「採点」される。「人生に勝った」と言えるための四つの条件と、さまざまなシーンで勝ち筋に入るための智慧が満載の一冊。

1,500円

心を癒す ストレス・フリーの幸福論

人間関係、病気、お金、老後の不安……。ストレスを解消し、幸福な人生を生きるための「心のスキル」が語られた一書。

1,500円

希望の法

光は、ここにある

希望実現の法則、鬱《うつ》からの脱出法、常勝の理論などを説き、すべての人の手に幸福と成功をもたらす、勇気と智慧と光に満ちた書。

1,800円

※表示価格は本体価格(税別)です。

大川隆法ベストセラーズ・幸福をつかむヒント集

アイム・ハッピー

悩みから抜け出す５つのシンプルなヒント

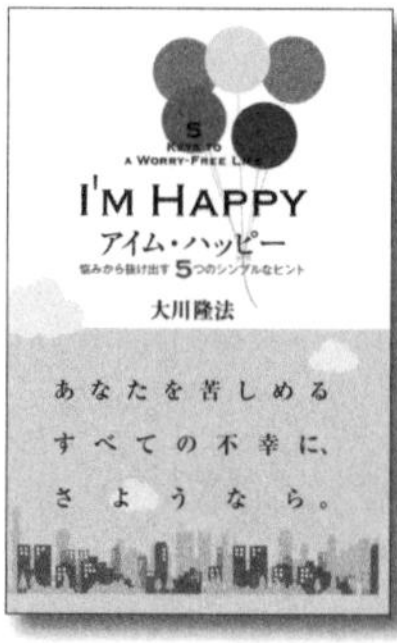

思い通りにいかないこの人生……。そんなあなたを「アイム・ハッピー」に変える、いちばんシンプルでスピリチュアルな「心のルール」。

1,500円

ハウ・アバウト・ユー？

幸せを呼ぶ愛のかたち

愛を誤解していませんか？ 他人や環境のせいにしていませんか？ 恋人、夫婦、親子の関係を好転させる「ほんとうの愛」が、分かりやすく綴られた一書。

1,200円

幸福へのヒント

光り輝く家庭をつくるには

家庭の幸福にかかわる具体的なテーマについて、人生の指針を明快に示した、珠玉の質疑応答集。著者、自選、自薦、自信の一書。

1,500円

幸福の科学出版

大川隆法ベストセラーズ・女性の幸福を考える

女性らしさの成功社会学

女性らしさを「武器」にすることは可能か

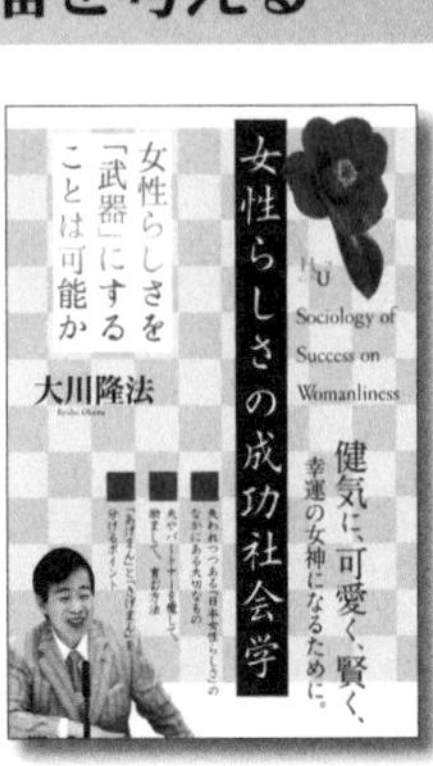

男性社会で勝ちあがるだけが、女性の幸せではない――。女性の「賢さ」とは？「あげまんの条件」とは？ あなたを幸運の女神に変える一冊。

1,500円

恋愛学・恋愛失敗学入門

恋愛と勉強は両立できる？ なぜダメンズと別れられないのか？ 理想の相手をつかまえるには？ 幸せな恋愛・結婚をするためのヒントがここに。

1,500円

じょうずな個性の伸ばし方

お母さんの子育てバイブル

胎教、幼児教育、体罰としつけ、反抗期、障害、ADHD、自閉症……。子育てに奮闘する、すべてのママに贈る一冊。

1,400円

※表示価格は本体価格（税別）です。

大川隆法 霊言シリーズ・魅力ある人を目指す

魅せる技術

女優・菅野美穂 守護霊メッセージ

どんな役も変幻自在に演じる演技派女優・菅野美穂――。人を惹きつける秘訣や堺雅人との結婚秘話など、その知られざる素顔を守護霊が明かす。

1,400円

時間よ、止まれ。

女優・武井咲とその時代

国民的美少女から超人気女優に急成長する武井咲を徹底分析。多くの人に愛される秘訣と女優としての可能性を探る。前世はあの世界的大女優!?

1,400円

女優・北川景子
人気の秘密

「知的オーラ」「一日9食でも太らない」など、美人女優・北川景子の秘密に迫る。そのスピリチュアルな人生観も明らかに。過去世は、日本が誇る絶世の美女!?

1,400円

景気をよくする人気女優
綾瀬はるかの成功術

自然体で愛される――。綾瀬はるかの「天然」の奥にあるものを、スピリチュアル・インタビュー。芸能界には「宇宙のパワー」が流れている？

1,400円

※表示価格は本体価格（税別）です。

大川隆法シリーズ・最新刊

真の平和に向けて

沖縄の未来と日本の国家戦略

著者自らが辺野古を視察し、基地移設反対派の問題点を指摘。戦後70年、先の大戦を総決算し、「二度目の冷戦」から国を護る決意と鎮魂の一書。

1,500円

映画監督の成功術 大友啓史監督のクリエイティブの秘密に迫る

クリエイティブな人は「大胆」で「細心」? 映画「るろうに剣心」「プラチナデータ」など、ヒット作を次々生み出す気鋭の監督がその成功法則を語る。

1,400円

沖縄戦の司令官・牛島満中将の霊言

戦後七十年 壮絶なる戦いの真実

沖縄は決して見捨てられたのではない。沖縄防衛に命を捧げた牛島中将の「無念」と「信念」のメッセージ。沖縄戦の意義が明かされた歴史的一書。

1,400円

幸福の科学出版

大川隆法「法シリーズ」・**最新刊**

智慧の法

法シリーズ
第21作

心のダイヤモンドを輝かせよ

現代における悟りを多角的に説き明かし、
人類普遍の真理を導きだす──。
「人生において獲得すべき智慧」が、
今、ここに語られる。
著者渾身の「法シリーズ」最新刊

2,000円

第1章　繁栄への大戦略
──一人ひとりの「努力」と「忍耐」が繁栄の未来を開く

第2章　知的生産の秘訣　──付加価値を生む「勉強や仕事の仕方」とは

第3章　壁を破る力　──「ネガティブ思考」を打ち破る「思いの力」

第4章　異次元発想法　──「この世を超えた発想」を得るには

第5章　智謀のリーダーシップ　──人を動かすリーダーの条件とは

第6章　智慧の挑戦　──憎しみを超え、世界を救う「智慧」とは

幸福の科学出版

※表示価格は本体価格（税別）です。

大川隆法 製作総指揮
長編アニメーション映画
UFO学園の秘密
The Laws of The Universe Part 0
信じるから、届くんだ。
STORY
ナスカ学園のクラスメイト５人組は、文化祭で発表する研究テーマに取り組んでいた。そんなある日、奇妙な事件に巻き込まれる。その事件の裏には「宇宙人」が関係しており、そこに隠された「秘密」も次第に明らかになって……。超最先端のリアル宇宙人情報満載！ 人類未確認エンターテイメント、ついに解禁！
監督／今掛勇　脚本／「UFO学園の秘密」シナリオプロジェクト
音楽／水澤有一　アニメーション制作／HS PICTURES STUDIO
10月10日、全国一斉ロードショー！
Hi!!!
UFO後進国日本の目を覚まそう！
UFO学園 検索

幸福の科学グループのご案内

宗教、教育、政治、出版などの活動を通じて、地球的ユートピアの実現を目指しています。

宗教法人　幸福の科学

一九八六年に立宗。一九九一年に宗教法人格を取得。信仰の対象は、地球系霊団の最高大霊、主エル・カンターレ。世界百カ国以上の国々に信者を持ち、全人類救済という尊い使命のもと、信者は、「愛」と「悟り」と「ユートピア建設」の教えの実践、伝道に励んでいます。

（二〇一五年四月現在）

愛

幸福の科学の「愛」とは、与える愛です。これは、仏教の慈悲《じひ》や布施《ふせ》の精神と同じことです。信者は、仏法真理をお伝えすることを通して、多くの方に幸福な人生を送っていただくための活動に励んでいます。

悟り

「悟り」とは、自らが仏の子であることを知るということです。教学《きょうがく》や精神統一によって心を磨き、智慧《ちえ》を得て悩みを解決すると共に、天使・菩薩《ぼさつ》の境地を目指し、より多くの人を救える力を身につけていきます。

ユートピア建設

私たち人間は、地上に理想世界を建設するという尊い使命を持って生まれてきています。社会の悪を押しとどめ、善を推し進めるために、信者はさまざまな活動に積極的に参加しています。

国内外の世界で貧困や災害、心の病で苦しんでいる人々に対しては、現地メンバーや支援団体と連携して、物心両面にわたり、あらゆる手段で手を差し伸べています。

年間約３万人の自殺者を減らすため、全国各地で街頭キャンペーンを展開しています。

公式サイト **www.withyou-hs.net**

ヘレン・ケラーを理想として活動する、ハンディキャップを持つ方とボランティアの会です。視聴覚障害者、肢体不自由な方々に仏法真理を学んでいただくための、さまざまなサポートをしています。

公式サイト **www.helen-hs.net**

幸福の科学グループの教育事業

2015年4月 開学

HSU

ハッピー・サイエンス・ユニバーシティ

Happy Science University

**私たちは、理想的な教育を試みることによって、
本当に、「この国の未来を背負って立つ人材」を
送り出したいのです。**

（大川隆法著『教育の使命』より）

ハッピー・サイエンス・ユニバーシティとは

ハッピー・サイエンス・ユニバーシティ（HSU）は、大川隆法総裁が設立された「現代の松下村塾」です。「日本発の本格私学」の開学となります。
建学の精神として「幸福の探究と新文明の創造」を掲げ、
チャレンジ精神にあふれ、新時代を切り拓く人材の輩出を目指します。

学部のご案内

人間幸福学部

人間学を学び、新時代を切り拓くリーダーとなる

人間の本質と真実の幸福について深く探究し、
高い語学力や国際教養を身につけ、人類の幸福に貢献する
新時代のリーダーを目指します。

経営成功学部

企業や国家の繁栄を実現し、未来を創造する人材となる

企業と社会を繁栄に導くビジネスリーダー・真理経営者や、
国家と世界の発展に貢献し
未来を創造する人材を輩出します。

未来産業学部

新文明の源流を創造するチャレンジャーとなる

未来産業の基礎となる理系科目を幅広く修得し、
新たな産業を起こす創造力と企業家精神を磨き、
未来文明の源流を開拓します。

校舎棟の正面

学生寮

体育館

住所 〒299-4325 千葉県長生郡長生村一松丙 4427-1
TEL.0475-32-7770

教育

学校法人 幸福の科学学園

学校法人 幸福の科学学園は、幸福の科学の教育理念のもとにつくられた教育機関です。人間にとって最も大切な宗教教育の導入を通じて精神性を高めながら、ユートピア建設に貢献する人材輩出を目指しています。

幸福の科学学園

中学校・高等学校（那須本校）
2010年4月開校・栃木県那須郡（男女共学・全寮制）
TEL 0287-75-7777
公式サイト happy-science.ac.jp

関西中学校・高等学校（関西校）
2013年4月開校・滋賀県大津市（男女共学・寮及び通学）
TEL 077-573-7774
公式サイト kansai.happy-science.ac.jp

ハッピー・サイエンス・ユニバーシティ（HSU）
TEL 0475-32-7770

仏法真理塾「サクセスNo.1」 TEL 03-5750-0747（東京本校）
小・中・高校生が、信仰教育を基礎にしながら、「勉強も『心の修行』」と考えて学んでいます。

不登校児支援スクール「ネバー・マインド」 TEL 03-5750-1741
心の面からのアプローチを重視して、不登校の子供たちを支援しています。
また、障害児支援の**「ユー・アー・エンゼル!」運動**も行っています。

エンゼルプランV TEL 03-5750-0757
幼少時からの心の教育を大切にして、信仰をベースにした幼児教育を行っています。

シニア・プラン21 TEL 03-6384-0778
希望に満ちた生涯現役人生のために、年齢を問わず、多くの方が学んでいます。

NPO 活動支援

学校からのいじめ追放を目指し、さまざまな社会提言をしています。また、各地でのシンポジウムや学校への啓発ポスター掲示等に取り組む一般財団法人「いじめから子供を守ろうネットワーク」を支援しています。

ブログ blog.mamoro.org
公式サイト mamoro.org
相談窓口 TEL.03-5719-2170

政治

幸福実現党

内《ない》憂《ゆう》外《がい》患《かん》の国難に立ち向かうべく、二〇〇九年五月に幸福実現党を立党しました。創立者である大川隆法党総裁の精神的指導のもと、宗教だけでは解決できない問題に取り組み、幸福を具体化するための力になっています。

党員の機関紙
「幸福実現NEWS」

TEL 03-6441-0754
公式サイト hr-party.jp

出版 メディア 事業

幸福の科学出版

大川隆法総裁の仏法真理の書を中心に、ビジネス、自己啓発、小説など、さまざまなジャンルの書籍・雑誌を出版しています。他にも、映画事業、文学・学術発展のための振興事業、テレビ・ラジオ番組の提供など、幸福の科学文化を広げる事業を行っています。

アー・ユー・ハッピー？
are-you-happy.com

ザ・リバティ
the-liberty.com

幸福の科学出版
TEL 03-5573-7700
公式サイト irhpress.co.jp

THE FACT

ザ・ファクト
マスコミが報道しない
「事実」を世界に伝える
ネット・オピニオン番組

Youtubeにて
随時好評配信中！

ザ・ファクト　検索

入会のご案内

あなたも、幸福の科学に集い、ほんとうの幸福を見つけてみませんか？

幸福の科学では、大川隆法総裁が説く仏法真理をもとに、「どうすれば幸福になれるのか、また、他の人を幸福にできるのか」を学び、実践しています。

入会

大川隆法総裁の教えを信じ、学ぼうとする方なら、どなたでも入会できます。入会された方には、『入会版「正心法語」』が授与されます。（入会の奉納は1,000円目安です）

ネットでも**入会**できます。詳しくは、下記URLへ。
happy-science.jp/joinus

三帰《さんき》誓願《せいがん》

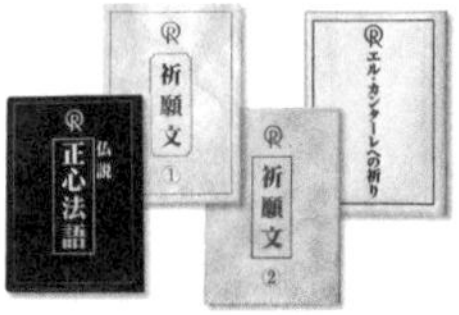

仏弟子としてさらに信仰を深めたい方は、仏・法・僧の三宝への帰依を誓う「三帰誓願式」を受けることができます。三帰誓願者には、『仏説・正心法語』『祈願文①』『祈願文②』『エル・カンターレへの祈り』が授与されます。

植福《しょくふく》の会

植福は、ユートピア建設のために、自分の富を差し出す尊い布施の行為です。布施の機会として、毎月1口1,000円からお申込みいただける、「植福の会」がございます。

「植福の会」に参加された方のうちご希望の方には、幸福の科学の小冊子（毎月1回）をお送りいたします。詳しくは、下記の電話番号までお問い合わせください。

月刊
「幸福の科学」

ザ・伝道

ヤング・ブッダ

ヘルメス・エンゼルズ

INFORMATION
幸福の科学サービスセンター
TEL. 03-5793-1727（受付時間 火〜金：10〜20時／土・日・祝日：10〜18時）
宗教法人 幸福の科学 公式サイト **happy-science.jp**